CORRÍGEME SI ME EQUIVOCO

GIORGIO NARDONE

CORRÍGEME SI ME EQUIVOCO

Estrategias de comunicación para mitigar
los conflictos en las relaciones de pareja

Traducción: Jordi Bargalló Chaves
Revisión: Adela Resurrección Castillo

Herder

Título original: Correggimi se sbaglio
Traducción: Jordi Bargalló Chaves
Diseño de la cubierta: Claudio Bado

© 2005, Ponte alle Grazie srl, Milán
© 2006, Herder Editorial, S.L., Barcelona

1.ª edición, 8.ª impresión, 2021

ISBN: 978-84-254-2480-9

Imprenta: Liberdúplex
Depósito legal: B - 37.415 - 2006
Printed in Spain – Impreso en España

Herder
www.herdereditorial.com

ÍNDICE

PRÓLOGO

*Es imposible conocer
a los hombres
sin conocer la fuerza
de las palabras.*

SIGMUND FREUD

Imagínese el lector que se encuentra con su pareja tras una dura jornada de trabajo; de una manera dulce y complaciente, ella pregunta:

«¿Me permites que te haga algunas preguntas que quizás podrían molestarte?».

Y usted, obviamente, no puede más que responder:

«¡Claro!».

Así que ella continúa:

«¿Últimamente estás un poco menos atento conmigo porque tienes problemas o porque te sientes menos interesado?».

Esta pregunta abre un escenario en el cual usted tiene dos respuestas posibles; sin embargo, si no quiere llegar a una ruptura directa de las relaciones, su respuesta será:

«Porque tengo problemas».

«Sin embargo, ¿te has dado cuenta de que eres menos cariñoso conmigo o lo estás descubriendo ahora que te lo digo?»

Si no quiere mostrarse insensible y verdaderamente poco atento, no puede contestar con la segunda opción, así que tendrá que admitir que ya se había dado cuenta.

En este punto, ella, con ojos dulces y esbozando una sonrisa, dice:

«Corrígeme si me equivoco: tú te has dado cuenta últimamente de que me prestas menos atención y de que no eres cariñoso conmigo como antes, pero has estado tan ocupado con tus problemas que no has sabido hacerlo de otro modo».

Después de su declaración no puede más que asentir, así que tendrá que decir:

«Sí, ¡así es!».

Y mientras lo dice, empieza a sentir que ella se merecería ciertamente más atención y cariño, considerando también el hecho de que ahora le está haciendo notar su defecto de un modo muy delicado, aceptable y, por qué no, casi agradable.

Imagínese que ella aún continúa preguntándole:

«¿Cuándo estamos juntos y estamos bien, sigues teniendo problemas o entonces desaparecen?».

La respuesta sólo puede ser:

«Cuando me haces estar bien realmente no pienso en los problemas».

«Pero ¿crees que si, cuando estamos juntos, prestaras atención a las cosas bonitas que pode-

mos darnos notarías más tus problemas o
rías menos?»

No puede más que responder:

«Claro que los notaría menos».

Y ella dulcemente apremia:

«Sin embargo, para ti, cuando tienes problemas, ¿sería muy difícil ser amable conmigo de tal forma que yo aún lo sea más contigo, o sería fácil hacerlo?».

Planteada así sólo se puede decir:

«No es tan imposible ser amable aun cuando se tengan problemas».

En este punto ella, con una sonrisa cada vez más dulce y abierta, mirándole a los ojos, dice:

«Corrígeme si me equivoco: tú, últimamente, has tenido problemas que te han llevado a estar menos atento conmigo. Sin embargo, te das cuenta de que cuando tú y yo estamos juntos y estamos bien, estos problemas no los notas; además, si tú eres dulce y amable conmigo, haces que yo aún lo sea más contigo y, gracias a esto, las cosas entre los dos incluso mejoran y todos los problemas, en esos momentos, desaparecen».

No podrá más que estar de acuerdo con este punto de vista. Y mientras le da su confirmación, sentirá que algo extraño se mueve dentro de usted: un deseo natural de ser más amable, dulce y afectuoso con ella, ya que el diálogo no le ha hecho sentirse reprochado sino comprendido, no reprendido sino aceptado, no condenado sino apreciado, no forzado sino dulcemente empujado. Tanto a nivel racional como emocional sentirá que aprecia aún más a la persona que está a su lado. Una posible discusión ha sido trasformada mágicamente en una afectiva unión.

Permítame el lector ahora presentar la misma situación pero con unas características y un desarrollo realmente diferentes, una situación que es mucho más frecuente en la realidad.

Se produce el mismo encuentro vespertino, tras una jornada de duro trabajo: la compañera sale a recibirlo y se pone rígida de inmediato, baja los ojos y no dice nada; usted experimenta una sensación de fastidio por dentro y piensa: «Sólo faltaba esto, después de todos los problemas del día».

Luego ella le mira y con expresión dura y voz cortante le dice:

«¿Te estás dando cuenta de que últimamente ya no eres amable conmigo?».

Usted se siente procesado, la forma le molesta, tiene ganas de contestar mal o intenta defenderse disculpándose, pero a sus excusas ella responde:

«Claro, tú te disculpas, ¡pero luego continúas haciéndolo! Y además, si no te lo hubiese dicho, ni siquiera te habrías dado cuenta».

En este momento su irritación está por las nubes, así que la increpa verbalmente o aguanta apretando los dientes y dice:

«Tendrías que entenderlo... precisamente tú... sabes los problemas que tengo en esta época».

Y ella, aún más enfadada:

«Ah, claro, tus problemas están antes que yo».

Entonces, desarmado, puede contraatacar generando un conflicto de órdago o encerrarse en un silencio despreciativo. La velada avanzará en una atmósfera tensa de incomprensión y rechazo o de victimismo por su parte. La despedida aparecerá al final de la velada como una liberación.

¿Cuál es la diferencia entre la idílica forma de diálogo presentada al principio y la irritante forma de diálogo presentada después?

El lector podría pensar que la primera mujer es un ángel y la segunda un demonio y que al final todo dependerá de la calidad individual de las personas. Sin embargo, en realidad, la diferencia reside en el hecho de que la primera persona ha utilizado una técnica evolucionada de diálogo que le ha permitido no sólo evitar el conflicto, sino crear en la pareja una mayor cercanía, comprensión y deseo. Ha transformado de este modo una situación desagradable en agradable: del riesgo al rechazo recíproco se ha pasado al deseo de un cambio constructivo y al descubrimiento conjunto de cómo realizarlo.

El objetivo de este libro es presentar al lector la estructura de este método para dialogar estratégicamente con la propia pareja, fruto de la investigación y de la experiencia de decenios de trabajo orientado a conducir a las personas a cambiar su realidad a través de la forma de comunicarse con los demás y consigo mismo.

Guiaremos al lector por un recorrido de aprendizaje de sencillas, y al mismo tiempo eficaces, tácticas para comunicarse con las personas con el fin de alcanzar y transformar los desacuerdos en acuerdos, los posibles conflictos en alianzas. Nunca hemos de olvidar, en efecto, que en la relación con las personas a las que estamos ligados afectiva y emotivamente no existe un vencedor o un vencido, sino que ambos ganan o ambos pierden.

Como dice Émile Cioran: «No se pueden evitar los defectos de los hombres sin renunciar, al mismo tiempo, a sus virtudes».

CAPÍTULO 1

EL DIÁLOGO QUE FRACASA

El egoísmo no consiste en
vivir como nos parece,
sino en exigir que los demás vivan
como nos parece a nosotros.

OSCAR WILDE

Uno de los métodos más eficaces para poner a punto una estrategia o para seleccionar un instrumento útil para ciertos fines consiste en determinar antes que nada los posibles fallos que hay que evitar. La mayoría de los inventores, de Arquímedes a Leonardo o a Edison, al llevar a cabo sus geniales intuiciones ha utilizado el método que se describe de manera fulgurante en la tradición del arte de la estratagema: «Si quieres enderezar una cosa, aprende antes todos los métodos para torcerla aún más». También en nuestro caso, para aprender a dialogar estratégicamente con nuestra pareja, el primer paso será determinar todos los modos seguros para hacer fracasar nuestro intento.

Para hacer la lectura más clara y agradable, permítanme que evoque la analogía entre el diálogo y la alquimia, presentando y describiendo los ingredientes que sirven para la preparación de la poción mágica capaz de producir un encantamiento en la relación de pareja.

17

Empezaré por unos preparados alquímicos capaces de producir encantamientos malignos, elementos estos que tienen el poder de llevar el diálogo en la dirección del fracaso. Solamente a continuación pasaré a describir los ingredientes que pueden orientar de forma constructiva la relación de pareja, o los elementos que constituyen la base para las pociones capaces de producir mágicos beneficios.

PRIMER INGREDIENTE: PUNTUALIZAR

Un rasgo que caracteriza a las personas inteligentes en sus relaciones es la tendencia a puntualizar las situaciones y las condiciones, las sensaciones y las emociones en relación con otras, para tener bajo control y programar la relación del mejor modo posible. Esta podría parecer una modalidad de interacción correcta con la propia pareja: de hecho, evita equívocos o incomprensiones que podrían transformarse en roces y conflictos. Sin embargo, esta modalidad puede llegar a ser redundante y transformarse en una práctica que, en lugar de prevenir los problemas, los alimenta. La razón es que pocas cosas son tan fastidiosas como sentir que nos explican cómo son las cosas y cómo deben ser para que funcionen mejor. Creo que el lector habrá vivido al menos una vez esta experiencia: alguien que puntualiza los límites de la relación que tiene con él y que le indica, de forma prescriptiva, cómo tendría que ser. A menudo también podemos constatar que nuestra pareja tiene razón, pero al mismo tiempo, el modo como lo dice nos irrita y hace surgir en nosotros el deseo salvaje de transgredir las reglas de la relación. La persona racional y sensata que tenemos frente a nosotros se transforma en un magnífico pelmazo: esto, traducido en términos emocionales, significa para nosotros la anulación del deseo y una reacción de fuga o de conflicto.

Por desgracia, la tendencia a puntualizar está estrechamente conectada a la moderna evolución de las relaciones, en cuanto representa la expresión más típica de estrategia de mediación dentro de una relación paritaria. Como sucede a menudo, cosas buenas producen efectos malos sencillamente a causa de la sobredosis, exactamente igual que un fármaco suministrado en dosis excesivas se convierte en veneno. En este caso, el intercambio emotivo afectivo, sometido al análisis racional, se reduce a algo frío y distante, en vez de exaltar los aspectos de calor e implicación que son el fundamento de toda relación afectiva.

En otras palabras, analizar y discutir a nivel racional una cosa que funciona también, y sobre todo, sobre la base de las sensaciones, las emociones y los sentimientos –esferas no reconducibles a una fría lógica– empobrece los vínculos que mantienen unidas a las personas. La estrategia de la puntualización podría definirse como una «perversión de la racionalidad», ya que produce efectos irracionales a partir de un comportamiento súper-racional.

La racionalidad de una puntualización produce reacciones emotivas en litigio con la pura lógica ordinaria de la disertación presentada.

Nosotros no funcionamos solamente según el sentido común y la lógica: la mayor parte de las veces, sobre todo cuando se trata de dinámicas afectivas, son las reacciones emotivas las que guían nuestro comportamiento.

Y de este modo reaccionamos de maneras diferentes de las racionales: maneras que, si nos fijamos bien, no son ilógicas, sino sencillamente fundadas en una lógica que no es la aristotélica, sino una en que lo verdadero y lo falso pueden coincidir, en que las contradicciones son terreno fértil para sacar conclusiones; las convicciones, aunque irracionales, pueden sentirse como auténticas; nuestros autoengaños son el tejido de nuestra realidad perceptivo-emotiva.

No es casualidad que la lógica matemática más avanzada y la psicología experimental se ocupen precisamente de fenómenos de lógica no ordinaria y aparentemente irracional.

Por lo que aquí respecta, sin aventurarnos en campos demasiado especializados, la dinámica de conflicto entre emociones, sentimientos e intuiciones por un lado y razonamientos, deducciones, confutaciones, argumentaciones por el otro, nos explica cómo el ingrediente comunicativo de la puntualización, todo y siendo «racional», produce efectos irracionales.

El hecho de puntualizar se nos muestra como un ingrediente fundamental del diálogo que fracasa.

Como nos sugiere con suavidad Oscar Wilde: «Siempre hay algo de fatal en las buenas intenciones».

SEGUNDO INGREDIENTE: RECRIMINAR

Si puntualizar provoca reacciones que están en conflicto con la intención de partida, el hecho de recriminar incluso transforma su objeto, es decir, la culpa del otro, en legítimos derechos.

Intente pensar el lector en todas aquellas situaciones en las que su pareja le ha recriminado ásperamente alguna cosa como culpa suya: las conclusiones rápidas nos hacen sentir casi inocentes y la culpa, aunque sea muy grave, pierde fuerza. El acto comunicativo del recriminar, es decir, someter a la pareja a un proceso en el que se puntualizan sus culpas, aunque pueda parecer una manera correcta y legítima de aclaración, tiende a producir en el acusado reacciones emotivas de rebeldía. También en este caso, la forma de la comunicación y su modalidad emocional transforman un mensaje correcto en el plano formal en un acto de relación que desplaza su atención de los contenidos –sobre los que siempre se puede establecer un acuerdo– a la esfera emocional.

El sentirse cuestionados y condenados hace que se disparen reacciones que desplazan el plano de la discusión del nivel lógico –en el cual solamente se cuestionan simples hechos– a un nivel de relación en el que las emociones en juego son el rechazo y la rabia. Esta reacción emocional anula la culpa y hace que nazca el deseo de escapar o de atacar.

La diferencia está entre los contenidos de una comunicación y sus efectos concretos. Como nos indicó Paul Watzlawick hace más de cuarenta años, en su *Teoría de la comunicación*, cada acto comunicativo posee al mismo tiempo un efecto informativo y un efecto relacional. Esto quiere decir que cuando comunicamos no cuenta únicamente el significado de lo que decimos, ya que el cómo lo decimos amplifica, reduce o transforma el efecto. Podemos también estar convencidos, a nivel puramente racional, de que nuestra pareja tiene razón cuando recrimina, pero al mismo tiempo, de modo totalmente irracional, nos vemos empujados a reaccionar como si fuésemos inocentes condenados inicuamente.

Razones y emociones no están siempre de acuerdo, más bien a menudo están en conflicto. Lo más importante es acordarse de que habitualmente es la razón la que pierde mientras que la emoción gana.

Como sostiene Nietzsche: «Los seres humanos son capaces de autoengaños sublimes: transforman sus propias culpas en culpas de los demás... La memoria y los sentidos de culpa ceden gustosos el paso a las sensaciones presentes».

Se debería, pues, recordar que cada vez que se nos ocurre recriminar algo a alguien, el resultado no será la aceptación de nuestras razones, sino una reacción de rechazo emocional que puede llevar a un frío distanciamiento, o a un enfrentamiento que puede transformarse en un litigio.

El hecho de recriminar tiene bien poco que ver con la que tendría que ser la atmósfera relacional de un vínculo afectivo; tiene, en cambio, mucho que ver con la praxis jurídica que utiliza esta técnica como recorrido para definir al imputado culpable.

Por desgracia, los hombres, que han llevado a cabo un recorrido de evolución cultural, transfieren, a menudo, acciones y métodos que toman prestados de ámbitos prestigiosos a nivel social (aunque no por ello adaptados a cada objetivo) a situaciones completamente diferentes, en las que aquellas modalidades de comunicación no funcionan en absoluto. De hecho, si una requisitoria procesal requiere para ser eficaz el hecho de recriminar la culpa al imputado, no por ello esta estrategia de comunicación ha de adaptarse a otro ámbito. En este caso, la transposición de esta modalidad a una relación afectiva produce resultados negativos, muy diferentes de los que podría producir si se utilizara en un contexto adecuado. La esfera de las relaciones afectivas es una dimensión dentro de la cual más que los contenidos de nuestras comunicaciones cuentan los mensajes emocionales, que se derivan de la manera de comunicar. Como nos enseña John Langshaw Austin, hablar con alguien no es sencillamente dar informaciones sino «hacer con las palabras».

El efecto del recriminar, desde un punto de vista analógico, podría describirse como un juez que se erige contra un culpable sometido a una requisitoria. Si esto puede hacernos sentir fuertes en la posición asumida y en nuestras razones, hemos de considerar también que, de esta manera, producimos en nuestra pareja un sentimiento desagradable contra el que romperán nuestras razones.

Finalmente, no hay que infravalorar, como nos enseña Émile Cioran, que «nuestros rencores derivan del hecho de que, permaneciendo por debajo de nosotros mismos, no hemos sido capaces de alcanzar la meta. Esto nunca se lo perdonamos a los demás».

Considerado todo esto, podemos definir la estrategia de la recriminación como un ingrediente fundamental para una relación catastrófica.

TERCER INGREDIENTE: ECHAR EN CARA

Si puntualizar y recriminar producen efectos bastantes desastrosos, el echar en cara los supera a ambos: echar en cara es un acto comunicativo que induce a exacerbar en vez de reducir aquello que se quisiera corregir. También en el caso de esta modalidad comunicativa, creo que muy pocos tienen la suerte de no haberla experimentado, es decir, de no haber sido sometidos al menos una vez a la estrategia del victimismo por parte de una persona querida que nos acusa de haberle hecho sufrir con nuestras acciones y de haber experimentado, en consecuencia, más que un sentido de culpa, una irrefrenable sensación de rabia frente a quien quiere constreñirnos en nuestras carencias afectivas y en nuestro egoísmos.

El que echa en cara se coloca como víctima del otro y, desde esta posición de dolor, utiliza su propio sufrimiento para inducir a la pareja a que corrija aquellos comportamientos que lo han generado. Sin embargo, por desgracia, el resultado habitualmente es que no sólo la pareja cambia de comportamiento, sino que incluso se indispone, se enfada y a menudo llega a ser aún más opresivo.

Este resultado paradójico de echar en cara se puede explicar recurriendo al estudio de las relaciones interpersonales y de sus efectos. Dentro de este sector de estudios es muy conocido el hecho de que quien se coloca como «víctima» construye sus «verdugos».

Como afirma Humberto Maturana: «No son los tiranos los que crean a los oprimidos, sino al revés». Esto quiere decir que si yo me pongo en el rol de víctima del otro, lo convierto automáticamente en mi verdugo. Si este último se enfada me hará aún más víctima, yo se lo haré notar y él será cada vez más agresivo e insoportable.

Lo que se establece, entre el que echa en cara y el que sufre, es una forma de complementariedad patógena de comunicación que tiende a estructurarse como un auténtico guión interpersonal, dentro del cual el que es culpabilizado es llevado a reaccionar rechazando o atacando al otro que, al actuar como víctima, lo coloca en esta posición.

Actuando así, la víctima aumenta la sensación de serlo y se sentirá aún más metida en este rol, lo que desencadenará una posterior reacción de rechazo o de agresión por parte de quien se hace sentir culpable. La dinámica será la de un círculo vicioso del cual, una vez activado, es realmente difícil salir. Es como estar capturados por un tornado que, con su espiral de energía, arrolla hasta el impacto final.

Lo que es importante subrayar es que todo esto es el producto de la modalidad comunicativa del echar en cara como víctima. Como veremos más adelante, hay maneras de comunicar al otro nuestro sufrimiento muy diferentes de echarle en cara sus malas acciones y que permiten evitar la construcción de la relación víctima/verdugo y la desastrosa escalada de este dramático guión.

No deberían olvidarse las palabras de Attalo: «Una mala conciencia bebe ella misma la mayor parte de su veneno»; por lo tanto, si nos hacemos las víctimas acabamos por bebernos nosotros todo el veneno producto de la situación que se crea.

También en este caso, creo que el lector no tendrá dudas en darse cuenta de que el echar en cara es un ingrediente fundamental de un diálogo con la propia pareja destinado al fracaso.

CUARTO INGREDIENTE: SERMONEAR

La cuarta estrategia para un diálogo fallido es aquella en la que probablemente hemos sido todos educados desde niños, porque todos hemos padecido los sermones de nuestros padres, del cura, del maestro y así sucesivamente. Si puntualizar es llevar la relación afectiva a un método de comunicación del mundo científico, así como recriminar significa utilizar un lenguaje jurídico legal en el ámbito de una relación afectiva, el hecho de predicar representa trasladar a la relación de dos un método que se toma prestado de la esfera del sermón moral y religioso. Por lo tanto, antes que nada, como en el caso de las otras dos estrategias, ha de quedar claro la falta de idoneidad de esta modalidad de comunicación en el planeta de las relaciones de dos personas, ya se trate de una relación de enamorados, de socios profesionales o entre padres e hijos.

La estructura de hacer el sermón es proponer aquello que es justo o injusto a nivel moral y, sobre esta base, examinar y criticar el comportamiento ajeno. El efecto de esta acción comunicativa es que hace venir el deseo, también en quien no lo tiene, de transgredir las reglas morales puestas como fundamento del sermón mismo.

Sobre este tema cada uno de nosotros es un especialista: ¿a quién no le ha sucedido rebelarse, directa o indirectamente, ante un sermón recibido, transgrediendo las prescripciones que se nos han dado, o traspasar los límites impuestos?

En mi memoria guardo una imagen muy clara: una vez un policía de tráfico me paró a causa de una maniobra peligrosa, pero no se limitó a ponerme la multa, sino que me dio un sermón no sólo sobre mi violación del código de circulación, sino en general a propósito del que se salta las reglas. Recuerdo muy bien que me costó no ser descortés; mi reacción, ciertamente poco amable, fue proponerle al policía de tráfico que me doblara la multa pero que se ahorrara el sermón.

Creo que esta experiencia personal se asemeja a muchas otras vividas por los lectores, todas ellas basadas en el sentimiento de rebeldía primordial que se desencadena en nosotros hacia quien nos somete a un sermón. Es interesante notar, además, que a menudo dentro de un «buen sermón» podemos encontrar tanto la recriminación como la puntualización y el echar en cara como víctima. En este caso, sermonear representa la quintaesencia de un diálogo desastroso.

En efecto, como dice Voltaire elegantemente: «Es propio de las censuras acreditar las opiniones que éstas atacan».

QUINTO INGREDIENTE:
«¡TE LO DIJE!»

Más allá de las formas desastrosas de comunicar, como son puntualizar, recriminar, echar en cara, que podemos definir como ingredientes básicos para el diálogo fallido, existen formas menores de comunicación, menos articuladas aunque capaces de provocar con grandes probabilidades de éxito la irritación y el alejamiento de la pareja. Éstos, habitualmente, son actos comunicativos puntuales y no secuencias interactivas, pero su poder evocativo es formidable. Su fuerza reside en que consigue evocar de inmediato en la otra persona las sensaciones de provocación, irritación y descalificación. La madre de todas éstas es sin duda la clásica frase pronunciada a continuación de cualquier acontecimiento desagradable: «¡Te lo dije!».

Esta declaración generaría rabia en cualquiera, hasta en un santo. Creo que no habrá lector que no haya experimentado el poder de esta frase.

El efecto desastroso es directamente proporcional a la importancia en el plano afectivo de la persona que pronuncia estas palabras, ya que cuanto más implicados emocionalmente estemos, tanto más insoportable es oír que nos dicen «¡Te lo dije!». Existen muchas variantes de esta frase, pero todas tienen la misma estructura y función, como por ejemplo: «Yo ya lo sabía...» o «No me quisiste hacer caso, ¿ves?».

La idea de fondo es que la pareja nos comunica el hecho de que nosotros hemos cometido algún error porque no le hemos escuchado o no le hemos dado importancia a sus palabras o a su opinión. Si yo ya estoy enfadado conmigo mismo porque he cometido un error, el hecho de que el otro me haga notar que lo he cometido desde el momento en que no le he hecho caso –admitiendo que esto sea cierto y no sea solamente una impresión suya– no me ayuda en absoluto, más bien hace que me enfurezca aún más conmigo mismo y con él. Cuando pronunciamos esta «frasecita» nos transformamos en el pararrayos de la rabia de nuestra pareja, a la cual le damos la posibilidad de descargar contra nosotros toda la carga que tenía contra sí a causa de su error.

SEXTO INGREDIENTE:
«LO HAGO SÓLO POR TI»

El segundo ingrediente menor para un fracaso seguro en el diálogo con la pareja está representado por otra frase esencial, capaz de desencadenar la furia de la persona más tranquila, es decir: «Lo hago sólo por ti».

De esta manera se declara un sacrificio unidireccional por parte de uno de los dos miembros de la relación: esto no sólo hace sentir al otro en deuda, sino que lo obliga también a recibir algo que le hace sentirse inferior, ya que necesita de un «generoso» acto altruista. Es comprensible que este mensaje, que la mayoría de veces llega sin que lo pidan, sea muy irritante porque coloca en una condición emocional ambivalente: tendría que agradecérselo por la generosidad, pero estoy en dificultad en cuanto no ha sido deseado por mí, ni solicitado. Esta declaración viola una regla fundamental de la llamada nobleza de espíritu, o «nunca reclamar al otro lo que hacemos por él».

En efecto, si alguien nos reclama un sacrificio que ha hecho, o también sencillamente un pequeño favor, esto nos indica su necesidad de ser reconocido y gratificado por aquello que, si de verdad hubiera sido noble y generoso, tendría que haberlo hecho sin que se notara.

No debe sorprender que las reacciones a este mensaje pueden parecer actos de ingratitud: un acto altruista declarado se transforma en una maniobra decididamente egoísta. Si yo no pretendo el reconocimiento de mi sacrificio, la otra persona –si no es precisamente despreciable– se dará cuenta por sí sola y me estará doblemente agradecida: una vez por el favor recibido y otra por no habérselo reclamado.

Séptimo ingrediente:
«Deja, ya lo hago yo»

La última de las técnicas menores es una actitud que se disfraza de gentileza pero que en realidad esconde una forma de descalificación de las capacidades de la otra persona. Se trata de aquellas situaciones en que se sustituye al otro al realizar una tarea, haciendo que nuestra actuación parezca un acto de cortesía y atención en nuestra relación. «Querida, deja, ya aparco yo el coche...» o bien «Querido, deja que haga yo esto», etcétera.

En apariencia parecen de verdad actos gentiles para salvar al otro de su torpeza, pero en realidad el que «padece» la gentileza la vive como un acto de descalificación de sus propias capacidades. Una ayuda no requerida no sólo no ayuda, sino que perjudica. Esto es así porque el acto, si bien a un nivel más superficial de comportamiento comunica una buena intención, a un nivel emocional más profundo significa: «Déjame hacer a mí porque tú no eres capaz».

La evocación de este mensaje subterráneo tiene un poder formidable, que envenena y enturbia incluso la más sincera de las buenas intenciones.

Octavo ingrediente:
La receta secreta: reprobar

En este punto se podría pensar que si un miembro de la pareja fuese capaz de gestionar todas estas dinámicas catastróficas, podría evitar que se alcanzara una alquimia venenosa para la relación. Por desgracia no es así, ya que también frente al conocimiento de los ingredientes que envenenan la relación se puede poner en acto un encantamiento verdaderamente especial, capaz de transformar también al príncipe más gentil o a la más encantadora princesa en un sapo. Si se tuviese que tratar con una persona realmente extraordinaria para conseguir evitar el conflicto, una persona capaz de rebatir cada una de las técnicas descritas para arruinar el diálogo con contramovimientos que reconduzcan cada vez al compañero a un sereno raciocinio, éste puede siempre recurrir a una auténtica receta secreta para llevar a cabo el maleficio.

Imagínese, como ejemplo extremo, una persona capaz de responder a un tediosa puntualización con: «Claro querida, estoy de acuerdo contigo, éste es el modo correcto de llevar las cosas»; una persona que frente a una dura recriminación sea capaz de replicar sin ninguna irritación: «Nunca había considerado las cosas desde ese punto de vista, entiendo tu enfado, haré de manera que esto no vuelva a repetirse»; una persona que frente a alguien que le echa algo en cara responde con calor y dulzura: «Nunca habría pensado que podía hacerte tanto daño, ¿podrás perdonarme si estoy atento en no volver a hacerlo nunca más?»; alguien que se sienta y con paciencia, sin ninguna rabia, escucha vuestro sermón y al final os dice: «Es realmente útil que de vez en cuando digamos las cosas como las sentimos de verdad…».

Una persona que le cuenta un fracaso buscando su comprensión, y cuando usted lo «vapulea» con el clásico «¡Te lo dije!», con aire sumiso y arrepentido afirma: «Si te hubiera escuchado, todo esto no habría ocurrido». Un compañero que a su declaración «lo he hecho sólo por ti», con suave ligereza replica: «Siempre he sabido que eres una persona extraordinaria, única en tu generosidad». Finalmente, alguien que, ante el sutil estoque de descalificación que subyace en «Deja, lo hago yo, porque normalmente esto no puedes» mientras él se encuentra haciendo alguna cosa, le responde con serenidad: «Gracias de todo corazón, aprecio mucho tu cortesía y que estés atento en que no me meta en dificultades».

Imaginemos que exista una persona así. Está claro que para conseguir que entre en crisis este maravilloso equilibrio de la relación es necesario buscar una acrobacia imposible. En este punto podemos destapar la receta secreta anunciada para obtener con seguridad un diálogo fallido: el sublime arte de la reprobación.

La reprobación como técnica evolucionada no es una crítica directa, no es una contestación, no es un poner en duda la capacidad del otro, sino que es una secuencia representada por una primera parte en la cual se felicita al otro y una segunda parte en la cual se afirma que, sin embargo, se podría haber hecho mejor, más o que aquello no es suficiente. Imagine el lector que llega a una cita con su pareja con un precioso regalo: ella está sentada a la mesa de un restaurante elegante y sofisticado al cual la ha invitado y, tras haber degustado platos exquisitos y cava, finalmente abre el regalo. Mientras abre el paquete le da las gracias dulcemente. Hasta aquí, todo parece maravilloso. Luego, ella saca el regalo, un espléndido anillo de oro blanco con una serie de brillantes. En ese momento, le mira, y con una sonrisa que se transforma en una mueca, le dice: «Es bellísimo, querido, pero ¿cómo es que has olvidado que a mí me gustan con una única piedra y de oro amarillo?».

Hasta la más virtuosa de las parejas tendría ganas de zamparse el anillo.

Éste es un ejemplo extremo, pero piénsese cuántas veces nos hemos oído decir: «Sí, está bien, pero no es suficiente, podrías haberlo hecho mejor».

El poder formidable de esta receta secreta para echar a perder la más extraordinaria de las relaciones reside en el contraste entre la primera y la segunda parte del diálogo. Es una especie de estrategia invencible para crear problemas aún cuando no exista ni siquiera sombra de ellos. Por este motivo podemos definirlo no como un ingrediente sino como una receta en sí misma. Una poción venenosa para la que no existen antídotos: el lector que quiera de forma estratégica echar a perder una relación, que recurra a este sistema y tendrá resultados catastróficos garantizados.

LA ESTRUCTURA DEL DIÁLOGO FALLIDO

Tras haber pasado revista a los ingredientes y a las técnicas superiores y menores para tener discusiones, fricciones, motivos de enfado o rechazo, complementariedad patógena o escaladas simétricas en la relación con la pareja, creo que ha llegado el momento de trazar sintéticamente las líneas características que están en la base de estas diferentes modalidades de comunicación fallida. Pero antes de eso es importante aclarar que no es suficiente una expresión episódica de uno o más de estos actos de comunicación para llevar a cabo una dinámica de relación connotada de incomprensiones, fricciones y peleas, sino que se necesita la insistencia y la repetición constante de al menos uno de ellos.

Las técnicas superiores garantizan, obviamente, mayores efectos que las menores, aunque estas últimas son eficaces en provocar reacciones indeseadas. Sin embargo, el verdadero artista del diálogo catastrófico es capaz de utilizar si no todas ellas, sí una buena parte de las técnicas descritas y pasar imperceptiblemente de una a otra. Como una especie de combatiente que no permite al otro entrar en su límite defensivo y en cada intento de parada al embate provocativo por parte de la pareja reacciona cambiando rápidamente de táctica, hasta que no consigue, en un objetivo paradójico, que el otro se enfurezca de verdad.

Aunque es posible recurrir a los artificios más dispares, la metodología para preparar una poción venenosa posee algunas características fundamentales que merecen enumerarse.

La primera característica común a las formas de comunicación hasta aquí descritas es que se basan en las «mejores intenciones». En otros términos, la persona pone en acción cierto tipo de dinámicas con la intención de prevenir o resolver un problema o un conflicto con su pareja, obteniendo, sin embargo, el resultado contrario. La intención que lleva a puntualizar, recriminar y así sucesivamente es querer mejorar las cosas dentro de la relación, pero la utilización de una estrategia no idónea para este objetivo produce efectos indeseados.

Eso significa que el problema nace, no sobre la base de las intenciones o de las ideas de las personas, sino como consecuencia de las formas de comunicación que se llevan a cabo, que modelan el contenido de las declaraciones y el modo como son acogidas por el interlocutor. Puedo tener distintos tipos de líquido, pero si los pongo en el mismo recipiente, todos asumen la misma forma. La forma connota y da sentido a los contenidos, porque es esta forma la que produce, más que los mismos significados, los efectos en el otro a nivel perceptivo y emocional.

Quisiera señalar asimismo que no es suficiente tener buenas intenciones para tener buenas relaciones, sino que, en cambio, es fundamental poseer la capacidad de utilizar de manera eficaz las formas de comunicar. Aclarado este primer punto, creo que el lector, tras haber leído las páginas que preceden, prestará más atención a la utilización de sus modalidades de comunicación.

Un segundo rasgo esencial está representado por el hecho de que quien pone en acción las modalidades de comunicación fallidas está firmemente convencido de sus propias razones. Continúa insistiendo también frente a las primeras reacciones negativas, con la convicción de que al final su pareja comprenderá lo que es «correcto». Por desgracia, es precisamente este apremio lo que lleva la mayoría de veces al conflicto. Una de las mayores dificultades que experimentan los seres humanos es ponerse en la perspectiva del otro, sobre todo cuando se está fuertemente convencido de la propia razón y si quiere, por lo tanto, obligar a nuestra pareja a que la asuma como suya. Bastaría pararse a pensar que si quien tenemos enfrente asume la misma actitud, provoca una situación de «estirar la cuerda», en la que cada uno de los dos contendientes hace de todo para arrastrar al otro hacia su propio terreno. Cuando más tira uno, más intenta el otro resistir. Cuando más rígido me vuelvo en mis convicciones, más incremento la posibilidad de discusión con el otro.

Además, algo que aún resulta más turbador para quien está atado a la idea de la «verdad absoluta» así como a lo «definitivamente correcto» es que hay que considerar que la misma cosa percibida desde puntos de vista diferentes cambia. Por lo tanto, no puede existir «la Verdad», sino que existirán tantas cuantas sean las perspectivas que puedan ser asumidas. La firmeza de las propias convicciones no sólo es disfuncional en las relaciones interpersonales, sino que es también una idea incorrecta sobre cómo funcionan las cosas en este mundo. Es decir, sostener obstinadamente las propias razones no sólo es perjudicial en las relaciones con los demás, sino que es también una posición «filosóficamente» equivocada.

Como nos recuerda Hermann Hesse: «La paradoja de las paradojas es que lo contrario de la verdad es igualmente verdad».

No es casualidad que desde la Antigüedad quienes se han ocupado de la comunicación eficaz sugieren modalidades de otro tipo. Aristóteles, por ejemplo, aconseja a su príncipe Alejandro: «Si quieres persuadir a alguien has de hacerlo a través de su propias argumentaciones».

Blaise Pascal muchos siglos después escribe: «Cuando se quiere reprender con utilidad y mostrarle a alguien que se equivoca, hay que observar desde qué lado éste considera el asunto, porque generalmente desde ese lado es correcto, y reconocerle esa verdad, pero desvelarle aquel otro lado desde el cual éste es falso. Y él se contentará con esto, porque verá que no se engañaba y que su defecto era solamente el no ver todos los lados de la cuestión».

Otra actitud muy importante, que contribuye a la preparación de la poción que produce el encantamiento maléfico, consiste en proponerle al otro las propias opiniones y sensaciones sin darle la posibilidad de expresarse. La pareja, como cualquiera que se siente atacado, tiende a defenderse hasta el punto de que también las afirmaciones más razonables serán atacadas o desmentidas. Afirmar las propias ideas antes de haber escuchado y valorado las del interlocutor, si puede ser una buena técnica en el debate político, en que el objetivo es vencer retóricamente al contendiente, dentro de un diálogo en el cual el objetivo es el encuentro y no la discusión, impide aquello que debería realizarse. Si yo inicio un diálogo proponiendo asertivamente mis convicciones, creo de inmediato una atmósfera de protesta más que orientar al intercambio comunicativo hacia el encuentro y la relación. Este comportamiento arrambla con toda una serie de creencias, fruto de una pésima psicología, que invita a quien quiere afirmar sus propias convicciones a ser asertivo.

De esta forma, en efecto, una persona no sólo parece tozuda e insistente, es también decididamente provocativa y antipática, y reduce a cero las posibilidades de entrar en contacto con sus propios interlocutores. Eso es exactamente lo opuesto a lo que tendría que suceder en un diálogo, es decir, el intercambio recíproco, la intimidad, el placer de sentirse en contacto con el otro.

Por lo tanto, las diferentes «trampas» comunicativas que llevan a realizar un diálogo fallido se ponen en marcha al no considerar el hecho de que el lenguaje que utilizamos a menudo nos utiliza a nosotros y que diferentes modalidades de comunicación construyen realidades diferentes.

Los sofistas, los mayores cultivadores del arte de comunicar, sostenían que la realidad no es nada más que el lenguaje que utilizamos para comunicarla y comunicárnosla. Esta afirmación, en apariencia demasiado fuerte, porque parece negar la importancia de los hechos y de los contenidos, quiere decir en realidad que son los códigos lingüísticos que nosotros utilizamos los que definen, modelan y transforman los hechos y los contenidos por nuestra percepción y por las percepciones de cuantos se comunican con nosotros.

«Las palabras son como balas», escribía Ludwig Wittgenstein, por eso se necesita hacer un uso muy cuidadoso, de otro modo y de forma inconsciente podemos herir a los demás y a nosotros mismos. Como veremos en el próximo capítulo, para evitar engañarnos en la relación con los demás y realizar lo contrario de lo que queremos, primero hay que prestar mucha atención a las formas de comunicar, seleccionando y utilizando aquellas modalidades que inducen a un diálogo funcional. Por fortuna, miles de estudios, investigaciones, aplicaciones empíricas del lenguaje como vehículo para influenciarse a uno mismo y a los demás ponen a nuestra disposición técnicas refinadas.

Una vez determinadas, como hemos hecho en este capítulo, las formas seguras de diálogo fallido, el primer paso consiste en evitarlas; el segundo, en sustituirlas por estrategias y tácticas realmente capaces de hacernos alcanzar nuestro objetivo. En otros términos, conocidos los modos para torcer aún más una cosa, podemos eludirlos y pasar a ocuparnos de aquellos para enderezarla.

Sin embargo, en este punto surgen otras dos dificultades de tipo moral e ideológico que invaden la cultura occidental: la idea de que utilizar estratégicamente la comunicación es una forma de manipulación y la convicción de que haciéndolo así se ataca la espontaneidad de la persona.

Concédame el lector otro espacio para desmantelar estas dos peligrosas convicciones antes de pasar a la descripción de las formas de dialogar estratégicamente.

Dialogar estratégicamente no significa manipular al otro, como podría parecer, sino hacerlo de modo que encontremos junto a éste el punto de encuentro. El término «diálogo», de hecho, significa intercambio de inteligencias, encuentro de dos inteligencias.

Es necesario despejar el campo de un prejuicio moralista respecto a la comunicación que induce cambios en el otro, o sea, el lenguaje persuasivo. Debajo de este prejuicio subyace la idea, del todo infundada, de que puede existir un modo de comunicar que no influencie al otro. Cualquier interacción entre dos personas, se quiera o no, consciente o inconscientemente, representa un proceso de influencia recíproca. Considerado esto, podemos decidir hacer como el avestruz que esconde la cabeza bajo la arena cuando es perseguido por un depredador para no verlo; o bien, decidir aprender a utilizar el lenguaje persuasivo. El instrumento en sí no es nunca ni bueno ni malo, es el uso que hacemos de él lo que lo vuelve como tal. Si yo decido no aprender a manejar las estrategias de comunicación por mero rechazo moralista, he de tener también en cuenta que seré víctima de ellas.

Si, en cambio, aprendo a manejarlas, puedo escoger si utilizarlas o no. En otras palabras, la persona ha de decidir si es artífice de lo que construye y gestiona, o víctima de aquello que inconscientemente construye y luego padece.

La técnica de dialogar estratégicamente –que es el fruto de una larga y exhaustiva investigación aplicada a los procesos de comunicación en el ámbito literario, filosófico, terapéutico y empresarial– es un proceso que se emancipa de la tradición del lenguaje manipulador. Ya sea en su estructura como en sus efectos, el diálogo estratégico se enfoca en el descubrimiento conjunto por parte de ambos dialogantes de aquellas perspectivas que permiten encontrar el acuerdo. Por tanto, en este caso no puede hablarse de manipulación sino de conjunción interactiva.

A la utilización de estrategias de comunicación dentro de una relación íntima se la acusa de romper la espontaneidad y la autenticidad de las expresiones entre la pareja. Sin embargo, también la espontaneidad es un mito, porque en los hechos nunca existe, desde las primeras relaciones sociales de una persona que se desarrollan precisamente sobre la constitución de estos guiones de reacción que definimos de manera impropia como espontáneos. De hecho, como nos enseñan las modernas investigaciones neurofisiológicas, todo aquello que se repite durante cierto periodo queda automatizado. La espontaneidad, pues, no es más que el último aprendizaje convertido en adquisición.

Si entre la pareja o en la familia el estilo de comunicación se orienta al diálogo constructivo y al descubrimiento conjunto, se construyen espontáneamente modalidades funcionales de relación y comunicación con el otro. Por desgracia, también vale lo contrario, que es ciertamente la realidad más frecuente, o que aprendemos «espontáneamente» a comunicar con el otro de modo maléfico.

Finalmente, el lector ha de saber que la técnica que vamos a presentar en el próximo capítulo se ha mostrado extraordinariamente eficaz y útil en el campo terapéutico, en el empresarial y allí donde existan problemas complejos y patologías. Podemos imaginar cuál podrá ser su eficacia en la resolución y prevención de las dinámicas conflictivas en las relaciones de pareja, relaciones en las que la mayoría de las veces los conflictos, las fricciones y las incomprensiones se estructuran sobre equívocos que podrían evitarse.

Como Georg Lichtenberg nos advierte: «La única prueba de una teoría es su aplicación».

CAPÍTULO 2

DIALOGAR ESTRATÉGICAMENTE

*La inteligencia no es
no cometer errores,
sino descubrir el modo
de sacarles provecho.*

Bertolt Brecht

PRIMER INGREDIENTE:
PREGUNTAR ANTES QUE AFIRMAR

La primera consecuencia directa de cuanto se ha expuesto hasta ahora puede resumirse en la indicación: «Si quieres obtener, empieza preguntando en vez de proponer».

Eso significa que el modo más eficaz para evitar la resistencia del otro está representado por el hecho de preguntarle qué es lo que piensa respecto a lo que queremos introducir como tema de discusión.

Sin embargo, no se trata simplemente de hacer preguntas sobre cierto tema, sino de introducir una forma particular de interrogación: preguntas construidas estratégicamente que propongan en su interior las alternativas de respuesta hacia las que queremos guiar a nuestra pareja. Por ejemplo, yo puedo preguntarle a la persona que tengo a mi lado:

«¿Cómo es que no me tomas demasiado en consideración?».

Esta pregunta abre muchas posibilidades de respuesta y suena demasiado perentoria, tanto que complica las cosas en vez de llevarlas en la dirección deseada. Pero si yo le pregunto:

«En los últimos días me dedicas poca atención, ¿es porque he cometido una serie de errores o sencillamente porque crees que no estoy a la altura?».

De este modo construyo una interacción comunicativa completamente diferente. Ahora mi interlocutor se encuentra frente a una pregunta no perentoria ni provocativa, sino que contiene una especie de solicitud de ayuda: la otra persona no te hace sentir culpable por tu conducta, sino que se sitúa como si ella estuviese en la posición equivocada. Esta condición creada por la formulación de la pregunta nos da ganas de ayudar al otro a que comprenda y, en consecuencia, a responder de forma no cortante ni evasiva, sino colaboradora e incluso protectora. En esta vía el otro responderá escogiendo una de las alternativas propuestas. De esta manera el diálogo empieza a enfocarse enseguida sobre la prevención de conflictos y en la posible solución de las disputas.

Dialogar de forma estratégica prevé antes que nada evitar empezar con afirmaciones y continuar haciendo preguntas no provocadoras, sino capaces de crear un clima de colaboración entre los interlocutores. Las preguntas estratégicas, además, que contienen alternativas hipotéticas de respuesta, orientan la interacción hacia una actitud de comprensión del problema y no hacia la búsqueda del culpable. Como sostenía Epíteto: «Acusar a los demás de nuestras desgracias es una prueba de la ignorancia humana; acusarnos a nosotros mismos significa empezar a entender; no acusar ni a los demás ni a nosotros mismos es verdadera sabiduría».

Si yo formulo una pregunta que me ayude a entender como están las cosas en vez de proponer mi interpretación, hago sentir al otro que es él quien dirige la conversación: esto derriba sus barreras, porque no le hago sentirse forzado. En apariencia esto puede parecer un sometimiento al otro, pero en realidad es guiar el diálogo de forma que salga de la dinámica usual de contraposición. Es un modo para establecer enseguida una relación connotada por el deseo de conectarse y no de enfrentarse. Cuando se dialoga con una persona importante para nosotros, el objetivo no es vencer haciendo perder al otro, sino vencer juntos.

En la teoría de los juegos de Johann von Neumann, esto es lo que se define como un juego de suma distinta a cero, es decir, un juego en el cual ambos ganan o ambos pierden, porque el objetivo final es conjunto. En los juegos de suma igual a cero, como en los enfrentamientos deportivos o en el juego del ajedrez, siempre existe, en cambio, un vencedor y un vencido. En nuestro caso no es importante someter a nuestro interlocutor, sino que es fundamental hacer que se sienta como el que gestiona la situación.

Él ha de experimentar el deseo de incrementar esa sensación suya, deseo que lo volverá decididamente colaborador. Si en el proceder de nuestro diálogo proponemos una serie de preguntas estructuradas de este modo, seremos capaces de guiar a nuestra pareja como por una especie de embudo, hasta el punto que descubrirá, como si fuese una conquista personal suya y no una imposición nuestra, aquello que nosotros hemos querido proponerle directamente. De esta manera se llega a una conjunción de miras, evitando discusiones y resistencias al cambio.

El primer ingrediente de la alquimia mágica del dialogar estratégicamente está, por lo tanto, representado por el hecho de colocarse de forma aparentemente humilde, en el rol de quien pide al propio interlocutor que le explique como están las cosas. Sin embargo, al hacer esto se utiliza una estructura particular en nuestras preguntas: éstas contienen las alternativas de respuesta hacia las que deseamos que se oriente el diálogo. La secuencia de preguntas así estructuradas «guiará» a nuestra pareja, a través de sus respuestas, a «descubrir» autónomamente aquello que si nosotros se lo hubiéramos propuesto directamente habría sido probablemente rechazado al vivirse como algo forzado.

Por ejemplo, si a la pregunta propuesta anteriormente nuestra pareja respondiese: «Te tengo un poco menos en consideración, no porque no te quiera, sino porque últimamente has cometido una serie de errores», gracias a esta respuesta, inducida por la pregunta estructurada con las dos alternativas, habremos ya obtenido una información importante y que enfoca el diálogo hacia lo que ha creado y mantiene el problema. Nuestra pareja al responder nos da informaciones reales sobre su perspectiva. Esto nos permite recoger su punto de vista sin discutirlo, de tal modo que con la pregunta siguiente se crea un acercamiento emotivo aún mayor.

Podemos continuar así:

«¿Crees que los errores que he cometido y que hacen que pierdas la confianza los he cometido de manera deliberada o que he hecho las cosas sin darme cuenta?».

Con esta pregunta, a menos que estéis considerados de entrada como un delincuente, vuestra pareja se orientará a declarar que cree que vuestras «malas» acciones no han sido voluntarias, sino errores inconscientes de los que os habéis dado cuenta demasiado tarde. Actuando así, gracias a vuestra pregunta, que ha orientado la respuesta, él ha dicho que en realidad sois culpables de alguna cosa por desatención o infravaloración, pero no por voluntad. Esto hace que la situación sea decididamente más aceptable para ambos.

El fenómeno importante de verdad de este proceso de comunicación lo representa el hecho de que mientras una persona responde a una pregunta escogiendo entre las alternativas propuestas, se persuade por sí misma de esta afirmación pensando que es su visión de las cosas.

Este proceso de autopersuasión es bien conocido desde la Antigüedad, tanto que uno de los más famosos sofistas, Protágoras, enseñaba a sus alumnos a convencer a su interlocutor de sus propias tesis poniendo preguntas que guiasen las respuestas en la dirección prefijada. Dialogar estratégicamente con la pareja prevé la adquisición de esta técnica retórica, basada en la proposición de preguntas en cuyo interior se presentan dos posibles respuestas, de tal modo que una de ellas aparece como menos conflictiva, mientras que la otra se ve ya como una ruptura. De este modo, si nuestra pareja no está decidida a romper la relación o a activar un conflicto, se verá inducida a escoger la respuesta menos peligrosa. Esto ya es orientar el diálogo hacia la colaboración en vez de hacia la discusión. Las preguntas siguientes, calibradas sobre las respuestas, tendrán que orientar no sólo a aclarar cómo puede alimentarse la dificultad, sino también a dirigir el diálogo hacia las posibles vías de salida de la trampa. Por ejemplo, en el caso que estamos exponiendo, tras las dos primeras preguntas se podría añadir:

«Estos errores que he cometido sin darme cuenta y que solamente después he visto lo molestos que eran para ti, ¿son cosas que se pueden superar o todo lo que ha ocurrido es algo irreparable?».

Esta pregunta, que suena como un auténtico arrepentimiento y una declaración de intenciones reparatorias y constructivas, inducirá incluso a la persona más ofendida a ofrecer una posibilidad de recuperación. Esto porque la pregunta estructurada de este modo hace sentirse al otro no sólo en la razón, sino como total responsable de una eventual ruptura; se le ofrece, al mismo tiempo, la posibilidad de poner en marcha una especie de camino de expiación de culpas por parte de quien se ha equivocado al conferirle el rol gratificante de protagonista indiscutible del cambio.

Como el lector podrá imaginar, la atmósfera entre los dos, gracias a estas tres preguntas y a sus respuestas, ya ha cambiado sustancialmente: de una situación de fricción, rechazo y rencor, se ha pasado ahora a una actitud comprensiva, reparadora y constructiva. En otras palabras, de un punto de partida connotado por una alta probabilidad de ruptura, se ha llegado a un punto con una alta probabilidad de reconciliación.

Después de estas tres preguntas, la estructura correcta de un diálogo estratégico prevé la paráfrasis del contenido de la conversación a través del resumen de los puntos esenciales para verificar y consolidar el acuerdo alcanzado, como se expone en el diálogo al principio del libro. La técnica del parafrasear para reestructurar, que representa el segundo ingrediente para dialogar con eficacia, necesita un tratamiento específico y será el tema del parágrafo siguiente. Ahora continuamos analizando solamente la secuencia en embudo de las preguntas hasta llegar al objetivo final del diálogo.

Una vez orientado el intercambio comunicativo a alcanzar un acuerdo sobre cómo cambiar las condiciones que hacen crítica la relación, es importante establecer los pasos siguientes que hay que efectuar. En esta dirección la pregunta siguiente podría ser:

«¿Crees que en mi esfuerzo por evitar cometer de nuevo los mismos errores, sería útil que tú intervinieras de inmediato en el caso de que yo fuera otra vez en la dirección equivocada haciéndomelo ver; o bien, crees que sería mejor que lo hiciera todo yo solo/a, asumiendo el riesgo a equivocarme de nuevo?».

Póngase el lector en la piel de la persona a quien dirigen esta pregunta. Creo que la mayor parte de la gente respondería de manera constructiva declarando que, con el fin de evitar que se presenten las mismas situaciones que han creado el problema, estaría bien intervenir de inmediato cuando éstas se volvieran a presentar, para evitar su evolución. Es decir, corregir los errores involuntarios desde el principio, de modo que el otro aprenda gradualmente a controlarlos.

Desde un punto de vista relacional, se instaura una dinámica en la cual ambos se convierten en artífices colaboradores de la evolución constructiva de la relación, en cuanto quien debe corregirse es ayudado –por el que desea la corrección– a evitar la recaída en el error. Se establece, por lo tanto, una especie de complicidad y sano equilibrio en la relación, dentro de la cual ahora el sentido implícito compartido es la construcción de una dimensión que satisface a ambos. En términos puramente psicológicos crear este tipo de orientación y expectativa entre la pareja ya es por sí mismo haber construido los fundamentos para el resultado positivo. Porque esta actitud ante la evolución de la relación tiende inevitablemente a influir de manera positiva, es una profecía que se autorrealiza.

Es bien conocido, de hecho, que el estar convencidos de llevar a cabo algo constructivo o resolutivo en relación con un problema incrementa por sí mismo la eficacia de nuestra intervención. Si, además, como en nuestro caso, esto se hace conjuntamente entre dos personas, el efecto es doble.

Gracias al dialogar mediante preguntas estratégicamente estructuradas y puestas en secuencia en embudo hacia el cambio constructivo, no sólo se crea un recorrido de colaboración hacia la solución del problema, sino que se añade el efecto de la expectativa positiva que incrementará su eficacia.

En este punto al lector le asombrará constatar que es posible en la comunicación «obtener tanto mediante tan poco». Sin embargo, por lo demás, el efecto mágico de las palabras y del diálogo sabiamente construido es una realidad muy conocida desde la Antigüedad. A menudo, en el curso de la historia este «conocimiento mágico» por desgracia ha sido ocultado y utilizado solamente por unos pocos elegidos para sus propios fines de poder, o rechazado de forma moralista en nombre de la «verdad absoluta» que no hay que poner en duda. El objetivo del que escribe es hacer al lector capaz de utilizar, al menos en parte, la «magia de la comunicación», ofreciendo algunas alquimias específicas capaces de prevenir o incluso resolver los problemas que pueden surgir en las relaciones a través del arte de hacer preguntas. Por decirlo como Ralph Waldo Emerson: «Las preguntas del hombre sabio contienen ya la mitad de las respuestas».

Segundo ingrediente:
Pedir confirmación
antes que sentenciar

El segundo ingrediente del diálogo estratégico lo constituye el hecho de pedir confirmación a las respuestas recibidas después de las preguntas propuestas. Sin embargo, la manera estratégica de pedir confirmación, es decir, parafrasear el contenido de dos o tres respuestas obtenidas tras una secuencia de preguntas, no es únicamente una verificación de lo que se ha comprendido, sino un anclaje de todo lo acordado. Parafrasear dos o tres respuestas recibidas a nuestras preguntas estratégicas es un modo de reforzar aquello que se está construyendo: si yo propongo una serie de preguntas y obtengo una serie de respuestas, y además resumo las respuestas obtenidas pidiendo un asentimiento a mi paráfrasis, en el momento en que el otro me asegura que lo he entendido, él mismo se convence de aquello. Por ejemplo, si a continuación de algunas respuestas yo digo:

«Corrígeme si me equivoco, por todo lo que me has dicho, parece que...».

A mi paráfrasis, la pareja responde:

«Sí, así es».

De esta manera no sólo me he confirmado a mí mismo que estoy en el buen camino, sino que he hecho que él esté de acuerdo conmigo: o sea, he creado un acuerdo sobre todo lo que hasta ahora hemos descubierto conjuntamente respecto a nuestro desacuerdo anterior.

Por lo tanto, no sólo verifico la dirección de mi proceder, sino que creo un acuerdo sobre lo que estamos construyendo: una secuencia de pequeñas alianzas, como nos dicen los expertos de la persuasión, conduce con comodidad a la realización de la gran alianza final. Si gracias a mis paráfrasis creo este tipo de acuerdo, refuerzo o hago más rápido el proceso hacia el cambio constructivo de la situación problemática.

Pongamos un ejemplo concreto volviendo a las preguntas del parágrafo anterior y a sus respuestas:

«¿Últimamente me dedicas poca atención porque he cometido una serie de errores, o sencillamente porque crees que no estoy a la altura?».

«Te presto menos atención, no porque no te quiera, sino porque últimamente has cometido una serie de errores.»

«¿Tú crees que los errores que he cometido y que hacen desconfiar los he cometido de manera deliberada, o he hecho las cosas sin darme cuenta?»

«No creo que hayas sido capaz de cometerlos a propósito, pienso que los has cometido inconscientemente, pero de todas formas los has cometido.»

«Esos errores que he cometido sin darme cuenta y que sólo después me he dado cuenta de lo mucho que te molestaban, ¿son cosas que pueden superarse, o todo lo que ha ocurrido es algo irreparable?»

«Si tú corrigieras ciertos errores, podremos recuperarlo todo, sería suficiente evitar ciertas cosas.»

Después de esta secuencia, se podría parafrasear:

«Corrígeme si me equivoco: tú crees que los problemas entre nosotros dos se deben a una serie de errores míos que, sin embargo, he cometido sin darme cuenta, aunque te han ofendido. Sin embargo, sería suficiente, para recuperar la situación, que yo dejara de cometer estos fallos inconscientes».

La pareja no podrá más que responder: «Sí, así es», considerando que sólo he secuenciado aquello que él mismo ha declarado.

En el momento en que el otro aprueba mi paráfrasis, no sólo me confirma que me estoy moviendo en la dirección correcta, sino que ancla también en él la idea de que *estamos* en el buen camino. Se obtiene una invitación implícita a arreglar las cosas sin haberlo pedido de forma directa.

En otros términos, de una situación de posible rigidez se pasa a una condición de apertura. Parafrasear las respuestas a las preguntas estratégicas no es solamente verificar que estamos procediendo correctamente, sino hacer sentir a nuestro interlocutor que también él conduce el diálogo y escoge la dirección; y esto transforma la relación emocional de competitiva en colaboradora.

Una vez realizado este primer acuerdo fundamental, relativo a cómo han ido las cosas equivocadas y al hecho de que pueden enderezarse, es importante definir y programar concretamente el recorrido hacia el cambio deseado. Para lograrlo las preguntas se enfocan sobre lo que es importante hacer en la práctica, y la paráfrasis siguiente tendrá que contener la descripción puntual de los pasos necesarios para alcanzar el objetivo prefijado. Todo ello de modo que se enfatice la sensación de cambio en marcha, la concreta realización del proceso y la colaboración necesaria para este fin. Este procedimiento aparentemente redundante es de fundamental importancia, ya que convierte el acuerdo que se obtiene sobre aquello que puede hacerse para resolver el problema en algo que de las palabras se pasa a los hechos concretos, sin que ello parezca algo forzado sino un deseo común. Para aclarar mejor este paso, retomamos nuestro ejemplo de diálogo estratégico en el cual hemos llegado a la primera paráfrasis a la que le sigue otra pregunta constructiva:

«¿Crees que en mi esfuerzo por evitar cometer de nuevo los mismos errores sería útil que tú intervinieras de inmediato en el caso de que yo fuera otra vez en una dirección equivocada, haciéndomelo notar; o bien crees que sería mejor que yo lo hiciera todo solo/a y asumiera el riesgo a equivocarme de nuevo?».

Como anticipamos, la respuesta más probable será:

«Claro, si yo vigilara interviniendo enseguida sobre tus errores inconscientes sería mejor, porque así se evitarían problemas y tú aprenderías más deprisa a corregirlos».

Ante esta respuesta podemos hacer la siguiente paráfrasis:

«Corrígeme si me equivoco, tú crees que la mejor manera para lograr que yo evite repetir estos errores que te han molestado tanto es que yo me esfuerce en prestar atención y que tú vigiles mis acciones, interviniendo enseguida cada vez que yo vaya en una dirección equivocada. Haciéndolo así, yo podría, antes que nada, evitar grandes problemas, ya que quedaría enseguida bloqueado/a en mis eventuales errores y, además, aprender a través de la experiencia a corregirme gracias a tu control».

Una vez más, la pareja no podrá dejar de estar de acuerdo. Se sella, de este modo, una especie de sagrada alianza: los dos interlocutores están unidos para combatir al enemigo común representado por los anteriores equívocos y los errores cometidos. Ahora es como si todo ello fuera un problema extraño a la relación porque ya se ha superado, algo negativo que hay que mantener fuera de una relación que se basa en la colaboración. En otras palabras, el cambio ya se ha producido y está en marcha hacia la solución del problema.

Dialogar estratégicamente, de hecho, convierte el cambio no sólo en deseable sino también en inevitable.

TERCER INGREDIENTE:
EVOCAR ANTES QUE EXPLICAR

El tercer ingrediente de un «preparado mágico» realmente eficaz para la constitución de una relación interpersonal constructiva lo constituye el saber tocar las cuerdas emotivas de nuestro interlocutor aun antes que influenciar su capacidad cognitiva. Como dice Santo Tomás de Aquino: «No existe nada en el intelecto que antes no pase por los sentidos». Para conseguir que los conflictos y las fricciones se transformen en acuerdos es necesario que nuestra pareja sienta el deseo, y no sólo a nivel racional, de llevar a cabo una relación basada en la confianza y en la colaboración. También los dos ingredientes anteriores de nuestra alquimia trabajan, como hemos aclarado, sobre las percepciones y sobre las emociones que transportan las nuevas perspectivas cognitivas.

El hecho de preguntar y parafrasear estratégicamente supone ya instrumentos para evocar nuevas sensaciones.

A menudo, sin embargo, es útil reforzar el aspecto evocativo del lenguaje que se utiliza durante el diálogo, porque, como los poetas, los literatos y los oradores nos han enseñado desde siempre, la capacidad de evocar sensaciones y emociones intensas es un instrumento persuasivo mucho más potente que cualquier otra forma lógica y racional de argumentación. El lector puede experimentar sobre sí mismo esta diferencia midiendo el efecto diferente de las dos sentencias siguientes:

Sentencia racional: «Cuando tú inconscientemente haces algo equivocado respecto a mí, eso me provoca rabia y rechazo».

Sentencia evocativa: «Cuando inconscientemente me hieres, me provocas un gran dolor, como una puñalada por la espalda, y me dan ganas de reaccionar intentando herirte también».

El significado de las dos afirmaciones es exactamente el mismo, pero el efecto es realmente diferente: la primera indica y describe; la segunda, mientras describe, *hace sentir*. En otros términos, mientras por una parte se juega en el nivel de la relación y de la comprensión, por la otra se juega en el nivel de la sensación y de las emociones evocadas, para llegar solamente después a la comprensión. Es evidente que, si se considera el hecho de que primero percibimos y luego comprendemos, la segunda modalidad de comunicación tiene un impacto decididamente mucho más fuerte que la primera, precisamente gracias a su poder de evocación.

La característica evocativa del lenguaje nunca debería infravalorarse, puesto que es el instrumento principal para inducir en nuestro interlocutor, así como en nosotros mismos, las sensaciones que hacen que se disparen las reacciones deseadas. Por ejemplo, si yo quiero crear una reacción de aversión hacia algo, puedo hacerlo mediante una descripción por imágenes que evoquen sensaciones de temor o de desagrado. Si quiero, por el contrario, inducir a una amplificación de una cierta reacción, tendré que evocar sensaciones de placidez o de gratificación.

Para aclarar aún mejor este concepto es útil recurrir de nuevo a un ejemplo concreto de los dos tipos de evocación:

Sentencia evocativa adversa: «Cuando me reprendes porque miro a las demás, haces que tenga aun más ganas de hacerlo. Como si me dijeras que no probara ese pastel porque es demasiado bueno».

Sentencia evocativa exaltante: «Cuando me miras y me sonríes así, eres como el viento fresco que me reconforta en un día cálido».

En el primer caso, la sensación evocada será el temor a insistir en el propio repertorio de acusaciones, ya que esto incrementará en vez de reducir el comportamiento no deseado por la pareja. En el segundo, en cambio, se transmite una sensación gratificante de aprecio y se induce en la pareja la tendencia a incrementar la actitud que lo exalta.

La magia del lenguaje, cuando se aplica a las relaciones interpersonales más íntimas, muestra aún más su poder y nunca ha de infravalorarse como si sólo fuese un adorno inútil de la comunicación. Sería como sostener que clase y elegancia son inútiles para que seamos deseables, mientras que todos sabemos que estas dos características, aparentemente no fundamentales, pueden hacer más deseable a una persona no bella respecto a otra que efectivamente sí lo es. En nuestro diálogo tendremos siempre que recordar todo esto, convirtiendo nuestro lenguaje en algo sobrio pero elegante, claro pero evocador, sencillo pero lleno de significado, bello de escuchar.

En este punto, quisiera volver a nuestro ejemplo de diálogo estratégico: imagínese que a las preguntas que parecen tener alternativas y a las paráfrasis que reestructuran se le añade algo, una pincelada de color. Por ejemplo, se añade a la primera paráfrasis una imagen evocadora que le refuerce el efecto:

«En otras palabras, cuando yo te he herido inconscientemente, haciendo como si te apuñalaran por la espalda, he desencadenado en ti el deseo de herirme, rechazándome».

Así se transmite no sólo la razón de las reacciones de rechazo, sino también las sensaciones que experimentamos al haberlo provocado en el otro.

Esto hace sentirse a nuestro interlocutor más que comprendido, justificado en sus reacciones emotivas; se reforzará así la sensación de acercamiento entre los miembros de la pareja y la pre-disposición a superar las dificultades. Sería útil, por lo tanto, después de haber parafraseado las respuestas de nuestra pareja ordenándolas en secuencia, como hemos descrito en el parágrafo anterior, añadir una imagen que refuerce en un plano emocional los conceptos expresados en el racional. El lector, ahora, pensará que ésta es una operación difícil de realizar, porque pocos se sienten artistas del lenguaje capaces de crear imágenes evocadoras. En realidad, usar imágenes evocadoras no significa ser poetas o literatos, sino sencillamente añadir a la explicación lógica que se ha propuesto una sugestión que concierne a la esfera emocional. Puede bastar una anécdota de la vida cotidiana, o una sencilla imagen naturalista. Lo importante es insertar en el canal lógico de la conversación un canal más sensorial, compuesto por imágenes más que por razonamientos. Con un mínimo de esfuerzo y ejercicio, cada uno de nosotros puede aprender a reformular una argumentación lógica con una serie de imágenes, ofreciendo así a nuestro interlocutor no sólo correctos y adecuados análisis lógicos, sino también sensaciones que refuerzan la capacidad de comunicación. Volviendo aún al diálogo de ejemplo, la última paráfrasis podría acompañarse de la siguiente imagen: «De este modo yo me sentiré protegido/a y guiado/a, como un niño que explora libremente el espacio a su alrededor bajo la mirada vigilante de un adulto presto a intervenir en el momento de peligro».

Ésta es una imagen decididamente sencilla, no una elaborada formulación lingüística con dobles sentidos o paradojas, ni una metáfora articulada; sin embargo, transmite al interlocutor –en este caso, la pareja ofendida y en posición defensiva– una visión inmediata de lo que antes ha sido definido en un plano lógico. Gracias a esta imagen la pareja se sentirá también emocionalmente de acuerdo. La analogía utilizada le hará sentir aún más como el que guía la relación, anulando todos los temores relativos a lo que el otro podría hacer a sus espaldas.

Ahora nuestro preparado alquímico está realmente próximo a convertirse en una «poción mágica» capaz de transformar los sapos y las ranas en príncipes y princesas. Es decir, transformar una relación conflictiva en una relación constructiva basada en el acuerdo mediante el uso sabio de una forma de dialogar que todas las personas pueden aprender a utilizar. Obviamente, cuanto más hábil se es, tanto más se puede obtener; cualquiera puede aprender a tocar un instrumento musical, pero son pocos los que saben hacer un arte de ello, y esto vale también para el arte de comunicar. De todas formas, usar imágenes evocadoras para reforzar nuestros mensajes representa una técnica superior del diálogo estratégico con nuestra pareja.

En efecto, «el verdadero descubrimiento», escribe Marcel Proust, «no es ver nuevos mundos sino cambiar de ojos».

CUARTO INGREDIENTE:
ACTUAR ANTES QUE PENSAR

Una de las convicciones más fallidas del hombre moderno es creer que una vez he entendido cómo funciona una cosa automáticamente seré capaz de dominarla.

Por desgracia, la vida cotidiana de cada uno de nosotros desmiente continuamente esta convicción, que tiene sus orígenes en la supremacía que se atribuye al pensamiento sobre la acción.

¿Cuántas veces nos sucede que sabemos lo que hemos de hacer para evitar o resolver un problema y después no somos capaces de hacerlo? El ejemplo más claro a este respecto es el miedo: puedo intentar convencerme cuanto quiera a nivel racional de que volar es mucho más seguro que viajar en coche, pero si tengo miedo a volar, no servirá de nada, sólo para incrementar el sentido de frustración y desconfianza conmigo mismo.

Este ejemplo del miedo nos explica que para obtener un cambio real es indispensable no sólo *entender* sino también ser capaz de *actuar* de modo diferente. Esto vale aún más si nos referimos a las dinámicas personales. Piénsese en una pareja que discute democráticamente hasta muy tarde por la noche y llega, por agotamiento o por auténtica comprensión, al acuerdo de que, por la mañana, desde el primer momento parte de cero con la discusión. El problema reside en el hecho de que si un acuerdo que hemos establecido no pasa al plano de la acción, su posibilidad de llevarse a cabo es casi nula. Si, por el contrario, a un acuerdo le sigue una serie de acciones acordadas conjuntamente, es probable que el proyecto común se convierta en realidad. Cada forma de creencia estructurada necesita, para constituirse, de una serie de secuencias repetidas, de rituales de comportamiento.

El ejemplo más claro son las religiones que, aunque muy diferentes entre ellas, basan su propio enraizamiento y mantenimiento en el ánimo humano en una serie de rituales: plegaria, confesión, penitencia, procesiones y así sucesivamente. Lo mismo vale para todos los grupos que se reúnen para alcanzar un objetivo común, dentro de los cuales los rituales y las acciones que se encaminan hacia el objetivo prefijado refuerzan la creencia relativa a su validez.

Entre la pareja es importante no infravalorar todo esto y, en consecuencia, proyectar planos concretos de acción que hay que realizar para obtener el cambio deseado.

En nuestro ejemplo de diálogo, dos interlocutores están de acuerdo en la necesidad de corregir concretamente la situación anterior mediante una serie de acciones recíprocas. Éstas, mientras llevan cabo el acuerdo verbal entre ambos, amplifican también su efecto. En línea con la filosofía oriental: «Un hombre sabio vive haciendo, y no pensando en hacer, y aun menos pensando en lo que pensará cuando habrá acabado de hacer».

Como dice Heinz von Foerster: «Si quieres ver aprende a obrar».

Después de haber hablado individualmente de cada ingrediente de la «poción mágica» capaz de transformar los «encantamientos maléficos» en «encantamientos benéficos», repasemos la receta en su conjunto.

Reconstruyamos el diálogo entero de ejemplo para captar su armonía y para sentir el impacto sugestivo y persuasivo.

Ella: ¿Últimamente me consideras muy poco, porque he cometido una serie de errores o porque sencillamente crees que no estoy a la altura?

Él: Creo que te considero un poco menos, no porque no te quiera, sino porque últimamente has cometido una serie de errores.

Ella: ¿Crees que los errores que he cometido y que te han hecho perder confianza los he cometido de forma deliberada o he hecho las cosas sin darme cuenta?

Él: No creo que hayas sido capaz de cometerlos deliberadamente, creo que los has cometido de manera inconsciente, pero de todas formas los has cometido.

Ella: Estos errores que he cometido sin darme cuenta y que solamente después he visto lo molestos que podían ser para ti, ¿son cosas que pueden superarse o bien todo lo sucedido es algo irreparable?

Él: Si tú corrigieras ciertos errores, podemos recuperarlo todo, sería suficiente evitar ciertas cosas.

Ella: Corrígeme si me equivoco: tú crees que los problemas entre nosotros dos se deben a una serie de errores míos que, sin embargo, he cometido sin darme cuenta, aunque te han ofendido. No obstante, sería suficiente, para recuperar la situación, que yo dejara de cometer estos fallos inconscientes. En otras palabras, cuando yo te he herido inconscientemente, haciendo que te sintieras como si te apuñalaran por la espalda, he desencadenado en ti las ganas de herirme tú a mí, rechazándome.

Él: Sí, así es.

Ella: ¿Crees que en mi esfuerzo por evitar cometer nuevamente los mismos errores sería útil que tú intervinieras de inmediato en el caso de que yo fuera otra vez en la dirección equivocada haciéndomelo notar; o crees que sería mejor que lo hiciera todo yo sola, asumiendo el riesgo a equivocarme de nuevo?

Él: Claro, si yo vigilara e interviniera enseguida sobre tus errores inconscientes sería mejor, porque así se evitarían problemas y tú aprenderías más rápido a corregirte.

Ella: Corrígeme si me equivoco, tú crees que la mejor manera de que evite repetir los errores que te han molestado tanto es que me esfuerce en estar atenta y que vigile mis acciones, y que tú intervengas enseguida cada vez que yo vaya en la dirección equivocada. Haciéndolo de este modo, antes que nada, no se crearían grandes problemas ya que quedaría inmediatamente bloqueada en mis eventuales errores y, además, aprendería a través de la experiencia a corregirme gracias a tu control. De este modo me sentiré protegida y guiada, como un niño que explora libremente el espacio que hay a su alrededor, bajo la mirada atenta de un adulto presto a intervenir en el momento de peligro.

Él: Sí, lo creo precisamente así.

Como en el caso del primer diálogo presentado en nuestra exposición, también éste, tomado en su conjunto, evidencia la fluidez del intercambio entre interlocutores. Preguntas y respuestas se suceden acuerdo tras acuerdo, enfocándose sobre el cambio deseado después de haber hecho emerger lo que creaba el problema. Todo ello en una atmósfera privada de rencor y rivalidad, dentro de la cual la pareja converge hacia la misma meta.

El desacuerdo inicial disminuye a medida que el diálogo se desarrolla y las posiciones de ambos miembros de la pareja se acercan cada vez más, hasta el punto de conjunción.

El lector puede pensar que esto sea verdaderamente magia, pero en realidad es el efecto de una tecnología refinada aplicada al lenguaje. En otras palabras, se utilizan las propiedades de la comunicación capaces de crear, en el diálogo con la pareja, las condiciones para una complementariedad de miras y de emociones.

Éste es una arte antiguo, retomado y perfeccionado durante decenios de trabajo orientado a producir cambios en las personas a través del diálogo respecto a problemas por resolver o a objetivos por alcanzar. Para ser capaz de preparar nuestra magia, está bien aclarar el procedimiento que hay que seguir mediante un sencillo esquema:

Preguntar
↓
Parafrasear las respuestas
↓
Utilizar imágenes evocadoras
↓
Resumir parafraseando
↓
Orientar hacia la acción

Al tener clara esta secuencia, el diálogo se devana naturalmente, a condición de que las preguntas se enfoquen sobre los intentos de resolver los problemas.

Expliquémoslo mejor: en la estructura del diálogo estratégico, la vela mayor que empuja el navío al cual sube la pareja está representada por el enfoque sobre la comprensión de los mecanismos que permiten a un problema ser persistente más que sobre las causas que lo han producido. «La realidad», explica Aldous Huxley, «no es lo que ocurre sino lo que hacemos con lo que ocurre.» El preguntarse cómo mantenemos y alimentamos los problemas mediante nuestras convicciones y nuestras acciones, de hecho, nos orienta enseguida hacia su cambio una vez que hemos descubierto el mal funcionamiento. Esta orientación metodológica nos evita la tentación de la búsqueda, inútil y desviante, de las culpas y de los culpables, porque, si el problema hace referencia a la relación con la pareja, ambos polos de la relación están activamente implicados en el mantenimiento de la condición no deseada. Una vez desvelada la dinámica redundante que nutre nuestra dificultad, encontrar y planificar qué hacer en concreto para cambiar la situación será una sencilla consecuencia. Esta nueva perspectiva se descubrirá de forma conjunta precisamente porque se ha hecho emerger lo que era contraproducente en la relación.

El diálogo converge sobre el presente y el futuro de la relación emancipándola así de los hechos pasados que, por definición, al formar parte del pasado, ya no pueden ser resueltos; sin embargo, si se remueven continuamente pueden influir negativamente en el presente.

Como espero haber aclarado con la necesaria claridad, para iniciar un diálogo constructivo se debe enfocar la atención y la indagación sobre el presente. Nuestras preguntas han de orientarse a desvelar los mecanismos disfuncionales de la relación, o aquellos tipos de actos comunicativos o de convicciones en relación con el otro que alimentan los problemas.

Al parafrasear las respuestas, así como al proponer imágenes evocadoras, se deberá despertar en nuestra pareja la sensación de la necesidad del cambio, evitando cualquier tipo de oposición pero aceptando el punto de vista del otro, de modo que nunca se sienta humillado ni juzgado de forma negativa sino constantemente aprobado en su manera de ser. Este modo de proceder es esencial para alcanzar el objetivo, porque la colaboración de la pareja se puede obtener solamente si ésta no se siente discutida.

En este punto de nuestra exposición, creo que el lector podrá empezar su práctica de «aprendiz de mago de la relación» experimentando el arte de preparar la «poción mágica» capaz de transformar el encantamiento maléfico en benéfico.

La única precaución que hay que recordar al «novel alquimista» es la de no desistir ante las primeras dificultades que seguramente encontrará a lo largo del camino, porque el arte del diálogo requiere una actitud humilde y un ejercicio constante. Sin embargo, si se consigue superar la frustración que se deriva de las dificultades y de los previsibles tropiezos iniciales, el esfuerzo se verá ampliamente recompensado, porque los efectos mágicos de esta alquimia afectan en primera persona. Cuanto más hago estar bien a mi pareja, tanto más ella me hará estar bien a mí.

En efecto, como enseña Lao Tse: «Quien quiere tener, ha de empezar dando».

CAPÍTULO 3

ALQUIMIAS MÁGICAS:
EJEMPLOS DE DIÁLOGO ESTRATÉGICO
CON LA PAREJA

> *Estudia las palabras a partir de las cosas,*
> *no las cosas a partir de las palabras.*

> Platón

Con el fin de hacer más claro y accesible lo expuesto hasta aquí, me parece indispensable presentar algunos diálogos reales, no intervenciones de quien escribe sino transcripciones de diálogos mantenidos durante demostraciones públicas de la técnica del diálogo estratégico.

DIÁLOGO 1:
DE LOS CELOS A LA CONFIANZA

Ella: ¿Cómo ha ido el día hoy?

Él: Bien, he tenido un día muy duro como de costumbre, pero ha ido todo bien.

Ella: ¿Con cuántas mujeres te has visto hoy?

Él: Bueno, ya sabes que veo a mucha gente todos los días, así que también a algunas mujeres.

Ella: ¿Y te has visto con mujeres bonitas?

Él: No es fácil ver mujeres bonitas de verdad.

Ella: Como siempre, me escondes lo que te pasa.

Él: ¿Qué es lo que te escondo? Sólo te he dicho que no es fácil ver mujeres que sean bonitas de verdad.

Ella: No, me dices eso para evitar mis reacciones. Seguro que te has visto con alguna mujer que incluso te habrá gustado. Sabes que cuando me escondes las cosas siempre me doy cuenta y el que esconde las cosas es culpable.

Un sencillo diálogo vespertino se está transformando en un conflicto dramático. Estamos ante una bonita escena de celos, pero en este punto él, como le ha sido sugerido, cambia de modo de comunicación llevando el diálogo de forma completamente diferente.

Él: Discúlpame, pero antes de que empecemos a discutir como de costumbre, ¿puedo preguntarte una cosa?

Ella: Claro.

Él: ¿Tú te fías tan poco de mí porque crees que soy un hombre incapaz de controlar mis propios impulsos sexuales o porque crees que soy una persona deseable que puede ser víctima de la seducción de mujeres malintencionadas?

Ella: Si creyese que eres un hombre sin freno desde luego que no estaría contigo; creo sencillamente que eres demasiado sensible al encanto femenino.

Él: ¿Crees que soy tan sensible al encanto femenino porque amo la belleza y me gusta contemplarla o porque, llevado por mis instintos, me dejo llevar para vivirlos cada vez que tengo la ocasión?

Ella: Creo que tú amas la belleza y que te gusta no sólo contemplarla sino también disfrutarla.

Él: Corrígeme si me equivoco: tú crees que yo soy una persona realmente sensible al encanto femenino, y eso es cierto, pero no me parece que sea patológico. Crees, también, que podría ser víctima de la seducción de alguna bruja peligrosa, ya que según tú no sólo me gusta contemplar la belleza sino también disfrutar hasta el fondo de la belleza.

Ella: Sí, lo creo precisamente así.

Él: Según tú, cuando estás tan encima de mí, juzgándome, ¿haces que experimente aún más el deseo de contemplar e incluso captar la belleza, o esta inquisición tuya me frena?

Ella: Pensándolo bien, y me pongo en tu piel, si una persona hiciese lo mismo conmigo quizás aún me darían más ganas no sólo de contemplar la «belleza» sino también de disfrutarla.

Él: Desde tu punto de vista, por lo tanto, continuar sometiéndome a tus investigaciones diarias, que sólo acaban en discusiones, ¿me empujará a querer estar contigo o a buscar otras cosas?

Ella: Visto de esta perspectiva, claro, todo eso no hace más que empujarte a buscar otra cosa.

Él: De todo en lo que estamos de acuerdo hasta aquí, parece que tú estás tan encima de mí, sometiéndome a tus investigaciones, porque crees que yo soy una persona a la que le atrae mucho la belleza femenina y que puede ser engañado por alguna buena seductora. Y eso lo haces para controlarme; pero tú acabas de decir que, si te ocurriera a ti lo mismo, te provocaría aún más ganas de transgredir y te das cuenta de que actuando de ese modo me estás echando a los brazos de cualquier otra. A fuerza de tratar a uno de ladrón se le convierte en tal.

Ella: Sí, me doy cuenta si lo pienso, pero en ese momento estoy tan angustiada y turbada por mis celos que tengo que estar encima de ti.

Él: En este punto permíteme que te haga una pregunta un poquito más malvada. Después de todo en lo que nos hemos puesto de acuerdo hasta aquí, cuando tú me atacas con tus preguntas indagatorias y con tus sentencias, ¿lo haces porque crees que es lo que hay que hacer, o bien porque en ese momento no logras tener el control de ti misma y hacer lo que realmente querrías hacer?

Ella: Como te acabo de decir, antes y después sé que me estoy equivocando, pero en el momento no consigo comportarme de otra manera.

Él: Entonces, para resolver nuestro problema, ¿hemos de reducir mi sensibilidad a la belleza o hacer que tú seas capaz de controlar tus impulsos irrefrenables?

Ella: Es verdad, ahora veo claro que soy yo la que tendría que aprender a controlar mis impulsos, porque si no yo misma te haré caer víctima de la seducción de otra.

En este punto la situación entre los dos ha dado un vuelco por completo: él, que estaba antes bajo proceso, ahora ha dejado de estarlo. Sin embargo, lo más importante es que él no se venga sometiéndola al mismo tipo de inquisición, sino que guía el diálogo en una dirección constructiva para ambos.

Él: Bien, me parece que de todo lo que hemos dicho hasta aquí –pero te ruego que intervengas si no te parece correcto lo que digo– el que me sometas continuamente a un proceso inquisidor por mi presunta incapacidad de gestionar los halagos que pueda recibir de otras mujeres resulta que es la mejor manera para que yo acabe realmente por ceder a ellos. Considerado esto, ahora habrías de tener miedo a someterme a esta presión, porque podría inducirme a hacer precisamente lo que tú quieres evitar que suceda.

Ella: Así es, estoy de acuerdo. Ahora haré lo posible por evitarlo, pero si cayera otra vez, por favor, bloquéame inmediatamente.

La situación ahora ha cambiado completamente. Ella, que interrogaba, ahora pide incluso ayuda para no cometer los errores fatales que llevarían a efectos indeseables de verdad. Un miedo mayor inhibe el miedo persistente.

DIÁLOGO 2:
DE LA RIVALIDAD A LA COLABORACIÓN

En este caso el diálogo se desarrolla entre dos colegas con una gran rivalidad entre ellos, dos jóvenes ejecutivos que trabajan en la misma empresa.

D.:   No me siento cómodo porque no me fío de usted, porque tengo la sensación de que quiere jugármela...

R.:   También yo me siento igual, y a menudo creo que para hacer carrera se necesita estar dispuesto a pisotear a cualquier que se interponga entre uno y sus objetivos. Considerando que los dos hacemos el mismo trabajo en la misma empresa y en el mismo departamento, creo que es francamente imposible que las cosas sean diferentes.

Consideradas estas premisas, el duelo entre los dos parece inevitable, porque cada uno ve en la derrota del otro su propia victoria. Es este punto se introduce, por parte de uno de los dos, un diálogo estratégico.

D.: Permítame preguntarle algunas cosas que quizás nos ayuden a aclarar cómo gestionar mejor, o al menos de la manera menos destructiva posible, nuestra rivalidad profesional. ¿Podemos, antes que nada, tutearnos, dado que somos colegas más o menos de la misma edad?

R.: Claro.

D.: ¿Piensas que, dada la estructura jerárquica de nuestra empresa y del mundo profesional en el que vivimos, es inevitable considerar a todos nuestros colegas como rivales peligrosos de los que protegerse, o crees que es posible, en algunos casos, construir alianzas?

R.: Bien, no se puede decir en absoluto que todos los colegas puedan ser peligrosos contendientes dispuestos a apuñalarte por la espalda si te distraes. Ciertamente el ámbito empresarial en el que trabajamos y en el que hemos crecido nos ha formado de este modo.

D.: ¿Y tú crees que dos personas que trabajan en la misma empresa como nosotros y que tienen el mismo rol aplicado en áreas distintas podrían encontrar la manera de evitar la rivalidad o, dadas estas condiciones, resulta absolutamente imposible?

R.: Creo que aún es más difícil, aunque no imposible, porque la Gerencia nos empuja ha hacer siempre más y mejor para ser premiados y en esta especie de carrera parece que se tenga, por fuerza, que mostrar mejores resultados que el colega del mismo nivel. Sin embargo, estamos los dos en el mismo barco y si uno se hunde arrastra al otro tras de sí.

D.: Si no me equivoco, por lo que me estás diciendo, parece que crees que es posible no considerar a todos los colegas como tiburones peligrosos que nadan a tu alrededor dispuestos a destrozarte o devorarte en cuanto des muestras de debilidad. Aunque, tal como hemos sido instruidos, ésta parece ser la realidad. Además, crees que para el que trabaja en la misma empresa evitar esta realidad conflictiva aún es más difícil, porque para hacer carrera ha de poderse demostrar que eres mejor que el que está a tu mismo nivel; sin embargo, también es cierto que, al estar en el mismo barco, podría ser más útil unir los esfuerzos para hacer que éste navegue mejor y evitar el riesgo que, al hundir al otro, se acabe por hundir a los dos.

R.: Sí, ése es precisamente mi modo de ver las cosas.

D.: Para evitar perjudicarnos los dos o acabar heridos con la misma arma con la que hemos matado a nuestro rival, ¿crees que sería más útil quedarnos a la defensiva intentando no perjudicar y no ser perjudicados, o colaborar el uno con el otro?

R.: Bien, está claro que sería mejor la segunda hipótesis, porque en el primer caso seremos como dos espejos que se miran, pero también es cierto que puede ser arriesgado colaborar con quien quizás quiere engañar, porque podría utilizar tu disponibilidad para jugarte alguna mala pasada.

D.: ¿Crees que, para estar seguros de que nuestro colega no explota nuestra buena disposición, basta sólo valorar las características a distancia o es mejor probarlo concretamente en cosas banales y no arriesgadas?

R.: Ciertamente probarlo pero sin exponerse demasiado y arriesgar.

D.: Corrígeme si me equivoco: tú crees que es posible, y más bien ventajoso para dos personas del mismo nivel que trabajan en la misma empresa, colaborar y ayudarse en la propia carrera, pero que esto requerirá que antes el compañero sea puesto a prueba, proponiendo la buena disposición a la colaboración en objetivos pequeños y no arriesgados, con el fin de comprobar la fiabilidad real.

R.: Sí, ésa me parece precisamente la manera más eficaz para gestionar con los mejores resultados y los menores riesgos la relación con un colega del mismo nivel.

D.: Todo esto indica, corrígeme si me equivoco, que en nuestro caso, lo mejor que podríamos hacer sería que empezáramos a ofrecer al otro, en pequeñas dosis, disposición a colaborar y que verificáramos punto por punto lo constructiva que puede ser ésta.

R.: Sí, creo que sería lo más ventajoso para ambos.

Como queda claro, de una situación inicial de simetría, se ha llegado a una final de complementariedad. El diálogo estratégicamente conducido ha hecho que se creara el punto de encuentro y se determinara la perspectiva común ventajosa para dos personas que estaban hasta entonces agresivamente a la defensiva.

DIÁLOGO 3:
EL PIGMALIÓN TEMEROSO

Éste es un caso en el que el hombre pretende que su compañera se iguale en todo y para todo no sólo a sus puntos de vista sino también a sus gustos y a su estilo de vida. En otras palabras, una especie de Pigmalión que quiere modelar a su compañera ideal como si fuera una estatua de arcilla. Sin embargo, como enseñan Ovidio, Shakespeare, Abelardo y Eloísa y su trágica historia de amor, o la locura artística de Auguste Rodin, ciertos tipos de relación son una especie de suicidio seguro de la pareja.

Si la que está sometida al «plagio» se rebela a su Pigmalión y patrón, como en nuestro ejemplo, alegando su derecho a ser libre de construirse una propia identidad autónoma, la relación se convierte en un campo de batalla. Sin embargo, si por el contrario, la mujer se somete a las demandas de su modelador, lo que a primera vista parece una solución se transforma lentamente en una complementariedad patológica.

Veamos cómo la mujer es capaz, a través de un funambulesco diálogo estratégico, de reorientar esta peligrosa situación de su relación de pareja.

Ella: Me he dado cuenta de que últimamente entre tú y yo hay discusiones; ¿tú crees que se derivan de alguna incompatibilidad o del hecho de que estamos cometiendo errores al relacionarnos?

Él: No creo que tú y yo seamos incompatibles como personas... creo que tú eres demasiado rígida en tus posiciones y por eso no me sigues ni apoyas mis deseos ni mis expectativas.

Ella: Perdóname, pero lo que dices indica que, desde tu punto de vista, para superar nuestras fricciones, ¿sería suficiente que yo me sometiera a tus solicitudes y me adecuara a tus expectativas y no, al contrario, que me vuelva rígida en mis posiciones que no estén en línea con las tuyas?

Él: Claro, parece precisamente que para ti sea una obligación discutir mis ideas y hacer de modo diferente a como quisiera yo... eso me hace enfurecer...

Ella: Pero ¿tú crees que para ponerse de acuerdo hay que estar obligatoriamente de acuerdo en todo o pueden haber posiciones diferentes y a la vez respetarse?

Él: Creo que en una pareja cuanto más se está en la misma línea más unido se está; se respetan los amigos por sus ideas diferentes, pero de la propia mujer es justo pretender que siempre esté de tu parte y que se comporte como sabe que le gusta a su propio marido.

En este punto el diálogo podría evolucionar en la dirección de un encendido conflicto en cuanto el hombre declara su férrea voluntad de someter a su pareja, pensando que éste es un rasgo fundamental de una buena relación. Sin embargo, es precisamente esta posición rígida lo que provoca la reacción no deseada de la mujer, quien, en cambio, es paradójicamente acusada de ser la más rígida de los dos. Como «si tú me quisieras de verdad tendrías que ser en todo y para todo igual que yo».

En otras palabras, éste es el hombre ideal, irónicamente hablando, para una mujer que quiera realizarse a sí misma y ver realizadas sus propias aspiraciones. Las dos únicas posibilidades en la relación son el enfrentamiento y la sumisión, pero, como veremos, gracias a la técnica del diálogo estratégico también esta situación aparentemente sin salida puede cambiarse.

Ella: Bien, corrígeme si me equivoco. Tú crees que las cosas entre nosotros dos no van bien porque yo me obstino en no querer adecuarme a tus solicitudes y en comportarme de modo diferente de cómo tu quisieras. Esta «estúpida polémica» mía crees que se debe a mi rigidez que no me permite cambiar en la dirección que tú indicas. En otros términos, me opongo como un adolescente rebelde a tus indicaciones sólo por las ganas de llevarte la contraria. Una pareja, según tú, para funcionar bien tiene necesidad de una completa conjunción de miras por parte de los dos componentes. Y como, en nuestro caso, tú eres el que posee la sacrosanta verdad y yo soy la que se opone, yo tendría que suavizarme y modelarme a imagen y semejanza de tus deseos y de tus ideas ya que son indiscutiblemente correctas.

Él: Dicho así me parece un poco fuerte... parece que yo esté absolutamente convencido de poseer la verdad absoluta y que desee forzarte de manera autoritaria a ser como yo quisiera... En realidad, creo que si tú sabes lo que me gusta, si no lo haces es como si me rechazaras. Eso es lo que crea problemas entre nosotros.

Como queda claro, la mujer no cae en el error de contestar simétricamente el hecho, es decir, alegar a su vez el derecho a imponer cambios, sino que evita cuidadosamente activar un forcejeo. Al colocarse, en cambio, en la perspectiva del otro y parafraseando su punto de vista, hace que emerja su característica de forzamiento. El hombre empieza de este modo a aflojar y corregir sus posiciones, y pasa de una forma moralista de recriminación a una declaración casi de víctima.

Ella: Discúlpame, pero todo lo que dices ahora parece indicar que en realidad tú no quieres modelarme obligatoriamente a imagen y semejanza de tus ideas y deseos, porque crees que quizás éstas podrían no ser absolutamente correctas.

Él: Claro, no soy un fundamentalista.

Ella: Bien, y si no lo he entendido mal, lo que hace que te enfurezcas y te empuja a darme sermones rabiosos y aburridos es el hecho de que cuando yo me comporto de forma diferente a como tú quisieras, te sientes rechazado y crees que nuestra relación está en peligro porque no se basa en una conjunción total de miras.

Él: Sí, me parece precisamente así.

Ella: A la luz de estas consideraciones, ese quererme modelar y corregirme tuyo, ¿te parece un acto de fuerza o de debilidad?

Él: Bueno… si considero que lo hago para no correr el riesgo de hacer naufragar nuestra relación me parece un acto de fuerza.

Ella: Bien, pero tú has dicho que cuando yo me opongo o me rebelo, haciendo lo que a ti no te gusta, te sientes rechazado y ves la relación en peligro; por tanto, cuando me atacas con tus sermones, ¿lo haces por debilidad o por virtud?

Él: Desde esa perspectiva, diría que por debilidad, o por temor a que nuestra relación acabe en una vía muerta.

Ella: Perdóname, pero eso significaría que tú te comportas así sólo porque temes que las cosas entre nosotros puedan deteriorarse hasta romperse.

Él: ¿Cómo?... Aún no lo habías entendido...

Ella: De acuerdo, corrígeme si me equivoco, tú en realidad me estás diciendo que tu búsqueda de modelarme a imagen y semejanza de tus ideas y deseos es tu manera de controlar la situación entre nosotros para evitar que vaya en una dirección autodestructiva y que haces todo eso por el temor a que ésta sea una realidad.

Él: Así es.

En este punto la situación ha cambiado radicalmente. El presunto verdugo de la pareja se descubre como el más débil y no el más fuerte de los dos, sin por ello ser juzgado ni condenado. Ahora se requiere, para que el diálogo evolucione constructivamente, que se introduzcan los elementos del cambio constructivo.

Ella: Sabes que después de esta declaración siento menos el deseo de discutir tus solicitudes. Después de lo que nos hemos dicho, cuando reprochas y criticas mis acciones, ¿crees que eso hace que esté de acuerdo contigo o hace que tenga ganas de rebelarme?

Él: Ahora que me lo has hecho notar, entiendo que ésta es la mejor manera de provocar en ti la rebeldía y la discusión respecto a mis miras y expectativas.

Ella: Permíteme aún… ¿Cuándo tú actúas como un juez censor o un Pigmalión, crees que me induces a un mayor o un menor deseo de conjunción contigo?

Él: Bueno… está claro que produzco exactamente lo contrario.

Ella: Bien, corrígeme si me equivoco: ahora tú eres consciente de que en realidad tu modo de reprenderme y quererme corregir es precisamente lo que hace que me rebele y discuta tus posiciones, llevándome hacia conflictos que ponen en peligro nuestra relación.

Él: Ahora que me haces ver las cosas desde ese punto de vista, todo esto me parece claro… pensar que yo lo hacía precisamente para evitar estos riesgos, en cambio, ahora comprendo que los estaba alimentando.

La condición inicial se ha invertido por completo. Ahora el hombre tendrá el temor, más que el deseo, de corregir a su compañera ya que ello llevaría precisamente a lo que él quiere evitar que se produzca.

CONCLUSIÓN

DIALOGAR PARA MEJORAR

*Rotar constantemente
en torno al propio eje
es construir ejes a otros tantos
centros de gravedad.*

Émile Cioran

Ahora que hemos llegado al final de nuestro viaje, supongo que el lector podrá sentirse como *Alicia en el país de las maravillas* y, como el personaje de Lewis Carroll, fascinado y sorprendido por todo lo que ha visto: desde modos refinados para crear fricciones y conflictos hasta las maneras de transformar estos desacuerdos en acuerdos constructivos. Todo ello gracias al auxilio del lenguaje y de los modos de comunicación que normalmente utilizamos, que son los componentes esenciales de cualquier relación interpersonal. Sin embargo, esto ha de hacernos reflexionar sobre el hecho de que, incluso cuando no queremos, somos en cualquier forma artífices de nuestro destino o, como escribe Jean Paul Sartre: «No hacemos lo que queremos y, sin embargo, somos responsable de lo que hacemos».

Tendría que ser responsabilidad nuestra vigilar sobre los modos de relación para ser constructores conscientes de nuestro universo en lugar de víctimas, inconscientes pero de todas formas responsables, de nuestro destino. Una vez asumida esta posición existencial tendremos que practicarla concretamente porque para comprender es necesario interpretar activamente nuestro rol de protagonistas de la película de nuestra vida. Es responsabilidad hacia nosotros mismos mejorarnos día tras día.

En esta dirección, aprender a dialogar estratégicamente representa no sólo una competencia relacional realmente útil, sino también un recorrido de iniciación personal a la propia mejora. En efecto, si emprendo mi itinerario para apropiarme de la «magia de las palabras» siguiendo las indicaciones de este libro, en realidad no transformo solamente la situación específica, sino también a mí mismo. Y, por lo tanto, induzco a mi pareja a seguirme en este rumbo de cambio. Esto significa que las personas mientras comunican se cambian y se modelan recíprocamente. Si el modelo de relación está orientado a la unión más que al conflicto, al diálogo más que al debate, esta situación, al repetirse, modelará a las personas que la practican. No infravaloremos, por lo tanto, la importancia social del dialogar constructivamente. Sobre todo en un mundo en que los modelos que se nos proponen desde la estupidez de la comunicación de masas son los de la comunicación violenta y de la agresión del interlocutor: piénsese en los *talk show* y *reality show* televisivos, o incluso en el llamado «pacifismo violento».

Volviendo al individuo y su mejorarse a sí mismo, para evitar transformar estas líneas en un sermón (ingrediente maléfico número 4), pensemos en el hecho de que si al comunicar se aprende a ponerse en la perspectiva del otro hasta creerla razonable, nos entrenamos en la tolerancia y en el respecto ajeno. Si nos habituamos a ver las cosas desde perspectivas diferentes, nos entrenamos en la elasticidad mental. Si nos ejercitamos a asumir una actitud agradable en la relación con nuestra pareja, se forma la capacidad de tener bajo control nuestras reacciones impulsivas. Si nos esforzamos en utilizar un lenguaje enriquecido por imágenes evocadoras, se alimenta nuestra creatividad. En otras palabras, a través del ejercicio del arte del diálogo estratégico, nos construimos nosotros mismos en la forma que es la propia del diálogo, la de la colaboración y del acuerdo. El arte del diálogo no es sólo una técnica para comunicar con eficacia, sino también, y sobre todo, una manera de mejorarse a sí mismo y al mundo que nos rodea.

El aprendiz de «mago alquimista», al aprender las recetas para preparar las pociones y para producir encantamientos, no aprende solamente una técnica, sino que se forma a sí mismo a imagen y semejanza de su magia.

BIBLIOGRAFÍA

ANÓNIMO. *I 36 stratagemmi. L'arte cinese di vincere*. Guida Editori. Nápoles, 1990.

ARISTÓTELES. *Retórica a Alejandro*. En: *Testimonios y fragmentos; Retórica a Alejandro*. Gredos. Madrid, 1996.

AUSTIN, J. L. *Cómo hacer cosas con palabras*. Paidós. Barcelona, 1971.

BOORSTIN, D. J. *L'avventura della ricerca: da Socrate a Einstein. Storia degli uomini che hanno inventato il mondo*. Raffaello Cortina. Milán, 2002.

BRECHT, B. *Il piccolo grande libro degli aforismi*. Demetra. Milán, 2004.

CARROLL, L. *Alicia en el país de las maravillas*. Siruela. Madrid, 2004.

DIELS, H., KRANZ, W. *I presocratici: testimonianze e frammenti*. Laterza. Bari, 1981.

Emerson, R. W. *Journals and miscellaneous notebooks*, vol. 8. Belknap Press of Harvard University Press, Cambridge Mass., 1960-1982.

FREUD, S. *Introducción al psicoanálisis*. Alianza. Madrid, 2005.

HESSE, H. *Siddhartha*. Edhasa, Barcelona, 2002.

LAO TSE. *Tao te ching: los libros del Tao*. Trotta. Madrid, 2006.

LICHTENBERG, C. G. *Das Lichtenberg-Trostbüchlein*. Meyster. Viena y Múnich, 1978.

NARDONE, G., WATZLAWICK, P. *El arte del cambio*. Herder. Barcelona, 1992.

– *Suggestione, ristrutturazione, cambiamento: l'aproccio strategico-costruttivista alla psicoterapia breve*. Giuffrè. Milán, 1991.

– *Miedo, pánico y fobias*. Herder. Barcelona, 1997.

– FIORENZA, A. *La intervención estratégica en los contextos educativos*. Herder. Barcelona, 2004.

– *Más allá de los límites del miedo*. Paidós. Barcelona, 2003.

– MILANESE, R., MARIOTTI, E., FIORENZA, A. *La intervención estratégica en la empresa*. RBA. Barcelona, 2005.

– GIANNOTTI, E., ROCCHI, R. *Modelos de familia*. Herder. Barcelona, 2003.

– *El arte de la estratagema*. RBA. Barcelona, 2004.

– *No hay noche que no vea el día*. Herder. Barcelona, 2004.

– Salvini, A. *El diálogo estratégico*. RBA. Barcelona, 2006.

NIETZSCHE, F. *La gaia ciencia*. Edimat. Madrid, 2004.

OWEN, N. *Le parole portano lontano*. Ponte alle Grazie. Milán, 2004.

PASCAL, B. *Pensamientos*. Cátedra. Madrid, 1998.

PROUST, M. *A la busca del tiempo perdido*. Valdemar. Madrid, 2000.

RONCORONI, F. (comp.). *La sagezza degli antichi*. Mondadori. Milán, 1993.

TOMÁS DE AQUINO, *Suma de teología. Obra completa*. Biblioteca de Autores Cristianos. Madrid.

VOLTAIRE, *Il superfluo è necesario*. Editori Riuniti, Roma, 1996.

VON NEUMANN, I., MORGENSTERN, O. *Theory of games and Economic Behavoiur*. Princeton University Press, Princeton, N.Y., 1944.

WATZLAWICK, P. (comp.), *La realidad inventada: ¿Cómo sabemos lo que creemos saber?* Gedisa. Barcelona, 1990.

– BEAVIN, J., JACKSON, Don D., *Teoría de la comunicación humana*. Herder. Barcelona, 1981.

WILDE, O. *Encantos: aforismos, paradojas y disgresiones*. Península. Barcelona, 1997.

WITTGENSTEIN, L. *Lecciones sobre filosofía de la psicología*. Alianza. Madrid, 2004.